Pierre Lefèvre
Aus dem Leben lernen

Pierre Lefèvre

Aus dem Leben lernen

Große Wahrheiten in kleinen Geschichten

Johannes-Verlag Leutesdorf

Achte durchgesehene Auflage 2001

Mit kirchlicher Druckerlaubnis
Copyright by Johannes-Verlag Leutesdorf, Germany
Umschlaggrafik: Michael Blum, Euskirchen
Foto Umschlagrückseite: Bruno Perrinet
Die ersten drei Auflagen sind im
Kanisius Verlag Freiburg (Schweiz) erschienen

Satz: Johannes-Verlag Leutesdorf
Druck und buchbinderische Verarbeitung:
Görres Druckerei, Koblenz

ISBN 3-7794-1399-x

Zu beziehen durch die *KSM*
Katholische Schriften-Mission, D-56599 Leutesdorf
Telefon: 0 26 31/9 76-1 92, Telefax: 0 26 31/9 76-2 50

Inhalt

Vorwort 11

MENSCHSEIN

Die Gerechtigkeit 15

1. Die Wahrheit kann man nicht kaufen 15
2. Nadelstich in den Luftballon 17
   Die Goldmedaille 18
3. Innenpolitik des Außenministers 19
4. Ein Mordskerl 19
5. Mißbrauch der Macht 23
6. Die raffinierte Entschuldigung 25
7. Ein Schwarzer setzt sich durch 26
8. Der Teufelskreis der Gewalt 29
9. Test für eine Diktatur 32
10. Das verbotene Buch 34

Die Klugheit 36

11. Gewußt wie 36
12. New York macht sich strafbar 37
13. Die pfeifende Lunge 39
14. „Mutti, warum ...?" 43
15. „Die Liebe siegt" 43
16. Da ist nichts zu machen 44
17. Können Sie schweigen? 48
18. Peinlich! Peinlich! 49
19. Die Zuflucht 50
20. Erfolg ... und dann? 56

Die Tapferkeit 58

21. Der blinde Pilot 58
22. Aus der Hölle befreit 61
23. „Trink St.-Vinzenz-Wasser" 64
24. Um eine Null geirrt 66
25. Die Schnecke greift an 67
26. „Bei drei schieße ich!" 67
27. Eins zu null 69
28. Eine tollkühne Wette 70
29. Einer für tausend 72
30. Er folgte seinem Gewissen 74

Die Mäßigkeit 76

31. Der Unfall 76
32. Hans und Helga 78
33. Die Diagnose des Wasserdoktors 81
34. Einmal ist keinmal 82
35. Schuld sind die anderen 83
36. Drei Siebe 84
37. Der Pudding 85
38. „Der Tiger" 87
39. Scheintot 88
40. Hochmut kommt vor dem Fall 88

CHRISTSEIN

Als ich 18 war 97

Unser Glaube 99

41. Warum läßt Gott das zu? 100
42. Einer von uns 104

43. Liebe bis zum Opfer 106
44. Der bellende Kirchenlehrer 107
45. Bitte für uns Sünder 108
46. „Glaube an Jesus!" 110
47. Der Papst und die Oberin 111
48. Zweimal gehenkt 112
49. Er kam nicht zurück 113
50. Der König und der Bauer 114

Vater unser 117

51. Weder Pferd noch Sattel 117
52. Im Palast von Versailles 118
53. „Hört uns denn keiner?" 119
54. Von allein entstanden? 124
55. Das Auto des Papstes 125
56. Bachs Lieblingslied 127
57. Der Angeber 128
58. „Und er hat mir doch vergeben" 129
59. Der verbrannte Geldschein 131
60. Die „Internationale" auf deutsch 133

Die Zehn Gebote 136

61. Blaulicht 136
62. Klatschen für Stalin 140
63. Der Haselbauer 142
64. Die zwei Testamente 143
65. Alles kostenlos 144
66. „Aufgezwungenes" Mutterglück 146
67. „Du bist nicht meine Mutti!" 148
68. Der Skandal des Hungers 150

69. Und die Notlüge? 152
70. Begehren kommt vor der Tat 154

Die Sakramente 157

71. Helen Keller 157
72. Firmung heißt Festigung 160
73. Freiwillig in den Tod 162
74. Belohntes Vertrauen 164
75. Der gestohlene Diamant 166
76. Raubmord 167
77. „Ich widerrufe" 169
78. Am Donaukanal 171
79. „Mors sola" 173
80. Ein goldenes Herz 174

Die Gottesliebe 176

81. Edison 176
82. Nicky Cruz in Berlin 179
83. Wer ist am Apparat? 182
84. Eine russische Legende 186
85. Freund oder Feind? 188
86. Erzählen als Heilkunst 191
87. Was eine Mutter fertigbringt! 192
88. Wladimir, ein orthodoxer Christ 193
89. Liebesbrief 195
90. Ein Märchen aus Afrika 196

Die Nächstenliebe 199

91. Den Zug verpaßt 199
    Ob die Katze Mäuse liebt? 202

     Der erste Preis 205
92. Die tollste Fahrt meines Lebens 205
93. Gut versorgt 208
     Zufällig richtig 209
     Eine klare Orientierung 209
94. Darf man Aussätzige umarmen? 211
95. Nicht *immer* verheiratet 212
96. Die gerupfte Henne 213
97. „Sie sind ein Schwindler!" 214
98. Churchill und Lady Astor 215
99. Pearl S. Buck 216
100. Platz getauscht 218

Quellennachweis 219

Anmerkungen zum Buch „Aus dem Leben lernen" 221

Vorwort

„Aus dem Leben lernen!" Kann man aus dem Leben lernen? Die Katze kann es! Denn die Katze wird einmal auf die heiße Herdplatte springen, aber nicht zweimal!
Die Italiener sagen: „Die Erfahrung ist die beste Schule. Schade, daß sie oft zu spät kommt!" Das stimmt: die eigene Erfahrung kommt meistens zu spät. Aber man kann aus der Erfahrung *anderer* lernen, aus ihrer negativen und positiven Erfahrung. Erfahrung anderer aber gibt man weiter, indem man sie erzählt. Daher diese kleinen Geschichten zur Veranschaulichung großer Wahrheiten, von Jugendlichen und für Jugendliche ausgewählt.
Das Buch gliedert sich in zwei Teile: Menschsein und Christsein. „Menschsein" behandelt die vier wichtigsten menschlichen Tugenden, nämlich Gerechtigkeit, Klugheit, Tapferkeit und Mäßigkeit. „Christsein" bietet eine Einführung in unseren Glauben (Credo, Vaterunser, Zehn Gebote, Sakramente). Am Schluß steht die Liebe (Gottes- und Nächstenliebe), auf die es für *alle* Menschen ankommt.
Danken möchte ich meinen früheren Lehrerkollegen Gertrud Rieger und Günther Grimme, die mich zu diesem Buch ermutigt haben. Mein Dank gilt auch Sr. Gertrud Bischof für das tadellose Manuskript sowie Mary Todd und Paula Burkhardt, die mich bei der Arbeit an dem Buch von vielen

Alltagssorgen entlastet haben. Zu danken habe ich nicht zuletzt den vielen Teenagern für ihren Beitrag zur Beurteilung und Auswahl der Kurzgeschichten.

                                                Pierre Lefèvre

MENSCHSEIN

Die Gerechtigkeit

„Ist doch ungerecht!"
Wie oft hört man das: bei Schülern, die ihre Noten vergleichen; bei Fußballern, die über den Schiedsrichter schimpfen, bei Beamten, die ihre Gehaltsabrechnung bekommen.
Es ist doch erstaunlich, wie jeder gegen die Ungerechtigkeit ist, also für die Gerechtigkeit!
Aber die Gerechtigkeit besteht nicht nur im „Gerecht-behandelt-Werden", sie besteht vor allem darin, daß man dem anderen, und zwar jedem anderen, sein Recht geben will.
Ist das nicht eine schöne Sache?

---

1. Was heißt Gerechtigkeit?

   Es heißt: Jedem geben, was ihm zusteht.

Die Wahrheit kann man nicht kaufen

Chosroes, Kaiser von Persien, hatte sich gegen alle Hoffnung von einer schweren Krankheit erholt. Da rief er seine Berater zusammen und sagte: „Ich möchte heute von euch wissen, was ihr von mir haltet. Meint ihr, daß ich ein guter Kaiser bin? Sprecht die Wahrheit ohne Furcht. Dafür möchte ich jedem von euch einen Edelstein schenken."

Einer nach dem anderen traten die Berater vor mit schönen Worten und übertriebenen Lobreden. Als der weise Elaim an der Reihe war, sagte er: „Mein Kaiser, ich möchte lieber schweigen, denn die Wahrheit kann man nicht kaufen."

Da sprach der Kaier: „Ist gut. Dann werde ich dir eben nichts geben. Also jetzt kannst du deine Meinung offen sagen."

Da sagte Elaim: „Mein Kaiser, du willst wissen, was ich denke. Ich denke, daß du ein Mensch bist mit vielen Schwächen und Fehlern, genauso wie wir. Aber deine Fehler wiegen viel schwerer, denn das ganze Volk stöhnt unter der Last der Steuern. Ich denke, du gibst eben zu viel Geld aus, um Feste zu feiern, Paläste zu bauen und vor allem, um Krieg zu führen."

Als der Kaiser das hörte, wurde er nachdenklich. Dann ließ er seinen Beratern je einen Edelstein austeilen, wie er versprochen hatte. Elaim aber ernannte er zu seinem Kanzler.

Am nächsten Tag traten die Schmeichler vor den Kaiser. „Mein Kaiser", sagte der Wortführer, „den Händler, der dir diese Schmuckstücke verkauft hat, sollte man aufhängen! Denn die Steine, die du uns geschenkt hast, sind falsch."

„Das weiß ich schon", antwortete der Kaiser. „Sie sind genauso falsch wie eure Worte."

2. Woran erkennt man, daß einer gerecht ist und Charakter hat?

Daran, daß er in der Wahrheit redet, handelt und lebt.

Nadelstich in den Luftballon

Ein junger Rechtsanwalt hat sich ein wundervolles Arbeitszimmer eingerichtet. Zur Krönung des Ganzen hat er sich ein Luxustelefon gekauft, das vorläufig eindrucksvoll auf dem Schreibtisch steht.
Man meldet einen Klienten. Den ersten!
Der junge Rechtsanwalt läßt ihn zuerst einmal — aus Grundsatz — eine Viertelstunde warten. Um auf den Klienten noch stärkeren Eindruck zu machen, nimmt er den Hörer ab, als der Mann eintritt, und täuscht ein wichtiges Telefongespräch vor.
„Mein lieber Generaldirektor, wir verlieren ja nur Zeit miteinander ... Ja, wenn Sie durchaus wollen ... Aber nicht unter zwanzigtausend Mark ... Also schön, abgemacht ... Guten Tag!"
Er setzt den Hörer wieder auf. Der Klient scheint tatsächlich sehr befangen zu sein. Fast verwirrt.
„Sie wünschen, mein Herr?"
„Ich ... ich bin der Monteur ... ich möchte das Telefon anschließen."

Die Goldmedaille

Olympische Spiele 1928.
In Amsterdam standen sich im Fechten ein Italiener und der Franzose Gaudin gegenüber. Es ging um die Goldmedaille. Die beiden Männer fochten wie rasend, und die Zuschauer hielten den Atem an. Der Franzose hatte einen schweren Stand, denn der lange Italiener war ihm an Reichweite überlegen. Um so wilder griff Gaudin an, und Angriff und Abwehr folgten blitzschnell aufeinander.
Plötzlich griffen die Kampfrichter ein. Pause! Einer von ihnen meinte gesehen zu haben, daß der Italiener den Franzosen getroffen hätte. Durch die Menge ging es fast wie ein Stöhnen. Wenn der Franzose getroffen war, so war die Goldmedaille für ihn verloren ...
Jetzt waren die Kampfrichter sich einig geworden. Ihr Sprecher trat hervor: „Kein Treffer!"
Die Zuschauer atmeten auf.
Doch da riß der Franzose die Haube herunter. Er hob das Florett steil vor die Brust, trat einen Schritt zum Kampfgericht hin und verkündete: „Je suis touché — Ich bin getroffen!"
Das Urteil der Kampfrichter hatte für ihn gesprochen, aber er nahm es nicht an. Die *Wahrheit* war ihm mehr wert als eine erlistete Goldmedaille.

3. Wo fängt die Gerechtigkeit an?

Zu Hause, mit Rücksicht und Achtung voreinander.

Innenpolitik des Außenministers

Der französische Außenminister Robert Schumann wurde einmal gefragt, warum er nicht geheiratet habe.
„Vor langer Zeit", antwortete er, „als ich einmal in der U-Bahn fuhr, trat ich zufällig einer Dame auf den Fuß. Bevor ich mich noch entschuldigen konnte, kreischte sie los: ‚Trottel, kannst du denn nicht aufpassen, wo du hintrampelst!' Dann sah sie mich an, errötete und rief aus: ‚Oh, entschuldigen Sie bitte, mein Herr, ich dachte, es wäre mein Mann!'"

4. Worauf hat das Kind vor allem ein Recht?

Auf Eltern, die zusammenbleiben und es liebevoll und fest erziehen.

Ein Mordskerl

Eine Hebamme, die 40 Jahre lang bei Geburten geholfen hat, erzählt aus ihren Erinnerungen:
Endlich war es soweit. Beim Metzger Herrmann

war ein Junge zur Welt gekommen. Der Vater war außer Rand und Band über den Stammhalter Heinz. Alle Kinder, die am Laden vorbeikamen, erhielten eine Wurst geschenkt.
Inzwischen brüllte das Söhnlein. Von Anfang an war er der Haustyrann. Bei Tag wollte er schlafen, bei Nacht mußte man ihn durch alle Stuben tragen, daß er nicht brüllte. Ich erhob Einspruch dagegen: „Erzieht den Burschen vernünftig. Gewöhnt ihn beizeiten an Gehorsam und Ordnung. Mit dem uneingeschränkten Erfüllen aller seiner Wünsche und Begehren erzieht Ihr das Kind für das Zuchthaus."
Die Mutter wollte nichts hören: „Wenn er einmal Verstand hat, wird er seine Unarten schon lassen. Man muß einem Kind Freiheit gewähren, sich zu entwickeln."
Nach einem Jahr etwa rief mich Frau Herrmann einmal herein, als ich am Haus vorüberging. Da saß gerade der Heinz mitten auf dem Stubentisch. Er hatte Mutters große Schere in den Händen, segelte hin und her auf seinem Thron, den Fenstern entlang, schnitt den Blumen Blätter und Blüten ab.
„Und nachher ißt man da zu Mittag", konnte ich mich nicht enthalten zu bemerken.
„Was will ich machen? Er bleibt mir sonst nicht sitzen, wenn er nicht ans Fenster kann ..."
Ich nahm dem Bürschlein die Schere aus den Händen. „Wenn er sich die Augen damit aussticht, Frau Herrmann ..."
Da bekam der Tropf einen puterroten Kopf, ballte beide Fäuste, strampelte, schrie und tobte.

„Ja", lachte der Vater, „da steckt was drin in dem Bursch. Der hat einen Schneid und läßt sich nichts gefallen."

Und die Mutter entschuldigte sich: „Er schreit so lang, bis man ihm gibt, was er haben will. Was will man da machen ... Ich gebe es ihm, daß er Ruhe gibt. — Wenn er einmal Verstand hat, wird das schon anders. Er ist ja noch so klein ..."

Ich hatte das Bürschlein, ohne etwas zu sagen, ein wenig energisch am Wickel gepackt und mit seinem Thron auf die Erde gesetzt. „Ob du still bist und deine Sach' machst ..." und schaute ihn fest an. Starr und stumm hockte er da ... schnaufte auf aus den tiefsten Gründen ... getraute sich nicht mehr zu mucken ob solcher ungewohnten Behandlung ... schaute zu Vater und Mutter hilfesuchend umher. Die sind aber gerade so platt wie er, und die Mutter meint: „Man sieht schon, daß Ihr keine Kinder habt. Sonst könntet Ihr nicht so mit ihnen sein. Er ist doch noch so klein und hat noch keinen Verstand ..."

Am liebsten hätte ich da gesagt: „Dann paßt er zu euch." Aber ich war still und ging. Da ist Hopfen und Malz verloren.

Einmal saß die Familie in der Stube draußen bei Tisch. „Mag nicht essen!" brüllte der Heinz und warf den Teller mitsamt der Suppe mit Schwung auf den Boden. Der Vater lachte: „Ist doch ein Mordsbub, der Heinzel!"

O ja, er war ein Mordsbub und wurde alle Tage besser. Alle Kinder liefen davon, wenn er auf die Straße kam. Bald quälte er kleine Hühner. „Ach, es sind ja nur Viecher!" sagte der alte Herrmann.

Der Heinz ging in die Schule. Er war ein verstockter, hinterlistiger Kamerad, vor dessen Tücke niemand sicher war. Da er hier sein Unwesen nicht offen treiben durfte, war er insgeheim um so verschlagener. Wiederholt regte der Lehrer an, den Buben in ein Heim für Schwererziehbare zu tun. Aber niemand wollte es mit dem Herrmann verderben, und so geschah nichts.

An einem Kirchweihsonntag gerieten Vater und Sohn in Streit. Nachdem der dreizehnjährige Bengel schon am Vormittag den ganzen Inhalt der Ladenkasse durchgebracht hatte, griff er am Mittag nach dem Schlüssel zum Geldschrank. Das war dem alten Herrmann zu bunt. „Der gehört mir, solang ich der Herr im Haus bin. Verstanden!" Da faßte der Bub im Zorn das Metzgerbeil und schlug nach dem Vater. Der Schlag ging fehl. Herrmann aber stand wie vom Blitz getroffen. Da gingen ihm auf einmal die Augen auf. Und zugleich ergriff auch ihn ein unbändiger Zorn. Zum ersten Mal packte er den Buben und verprügelte ihn. Sinnlos und maßlos natürlich. Er hätte ihn wohl totgeschlagen, wenn nicht die Mutter und die Gesellen sich dazwischengeworfen hätten. Das ganze Haus Herrmann lief mit blauen und schwarzen Beulen herum. Der Heinz lag wochenlang im Bett.

Der Vater hatte gründliche Arbeit getan. Doch es war zu spät. Diese plötzliche Wandlung rief nur alles auf den Plan, was an Rache, Tücke und Roheit in dem Burschen schlummerte. Und der Haß trat hinzu.

Einige Monate später hat er den Vater wirklich mit dem Metzgerbeil erschlagen. Heimtückisch, aus lauerndem Hinterhalt ... Ein furchtbarer Aufruhr im Ort. So etwas war nicht geschehen seit Menschengedenken. Und doch ... und doch ... alle sahen und fühlten es. Vater und Mutter hatten selbst das Unheil heraufbeschworen, das sie nun zerschmetterte.

In diesen Tagen besannen sich manche Eltern darauf, daß Kindererziehen eine wichtige und schwere Aufgabe ist; daß man damit nicht warten darf, „bis sie einmal Verstand haben ..."

---

5. Wie kann man den Untergebenen gegenüber gerecht sein?

Indem man ohne Bevorzugung jedem gibt, was ihm zusteht.

Mißbrauch der Macht

Ich habe meine Kindheit in Irland verbracht. In der dritten Klasse Volksschule hatten wir einen sehr strengen Lehrer. Er hieß Macsweeny.

Während seines Unterrichts bekam Macsweeny oft Besuch von Bekannten. Jedesmal ging er auf den Gang, um sich endlos zu unterhalten. Aber bevor er

das Klassenzimmer verließ, ernannte er sein Liebkind Paddy als Aufsicht für die Klasse.
Paddy war ein kräftiger, rothaariger Junge aus der letzten Bank. Seine Aufgabe in Abwesenheit des Lehrers bestand darin, die Namen der Ruhestörer auf die Tafel zu schreiben. Und siehe da, im Nu hatte er eine Menge Namen geschrieben. Dann ging der Handel los.
Eines seiner Opfer, dessen Name schon auf der Tafel stand, bat um Gnade: „Lösch meinen Namen aus, ich gebe dir ein Bonbon."
„Nein, du mußt mir wenigstens drei Bonbons geben."
„Ich gebe dir höchstens zwei."
„Zwei sind zuwenig."
„Also gut, drei Stück."
Andere Schuldige hatten Äpfel, Schokolade und Glaskugeln anzubieten. Die „Schwerverbrecher" mußten mit Taschenmesser, Schleuder und sogar mit der Wasserpistole herausrücken.
Als der gefürchtete Lehrer dann plötzlich die Tür aufriß, waren nur noch drei oder vier Namen auf der Tafel. Es handelte sich um arme Jungen, die nichts hatten und sich also nicht loskaufen konnten. Die bekamen dann ordentlich Schläge. Da gab es oft bittere Tränen.
Für mich war das ein Schock. Zum erstenmal erlebte ich, wie die Reichen bevorzugt werden. Es war leider nicht das letzte Mal! P. L.

6. Wie kann ich den Vorgesetzten gegenüber gerecht sein?

Indem ich ihre Anweisungen zum Wohl der Gemeinschaft achte.

Die raffinierte Entschuldigung

1981 wurde der Herausgeber einer Zeitung zu 40 000 Mark Strafe verurteilt. Er hatte nämlich den guten Namen des Schriftstellers Heinrich Böll angegriffen.
Im 19. Jahrhundert kam man billiger weg. Der Schauspieler Beckmann hatte einen Journalisten „den größten Dummkopf der Stadt" genannt. Dafür wurde er vom Richter verurteilt, den Beleidigten in dessen Wohnung und vor Zeugen um Entschuldigung zu bitten.
Zur festgesetzten Stunde wartete der Journalist mit seinen Freunden in seiner Wohnung, daß Beckmann sich bei ihm entschuldigte.
Sie brauchten nicht lange zu warten. Da läutete es. Beckmann steckte den Kopf durch die halb geöffnete Tür und fragte: „Wohnt hier der Kaufmann Schulze?"
Der Journalist antwortete etwas befremdet: „Nein, der wohnt hier nicht."
„Ach, dann bitte ich um Entschuldigung!" sagte Beckmann ... und verschwand.

7. Worunter leiden die ärmsten Völker der Erde?

Unter Hunger, mangelnder Ausbildung und der Verachtung ihrer Rasse.

Ein Schwarzer setzt sich durch

Als Vorkämpfer für die Rechte der Schwarzen ist Martin Luther King sehr bekannt. Weniger bekannt ist der große Negerführer und Erzieher Booker Washington.
Booker Washington war ein kleiner Negerjunge zur Zeit der Sklaverei in den USA. Schon als Neunjähriger mußte er zwölf Stunden pro Tag im Bergwerk arbeiten. Als Lincoln die Neger befreite, entschied sich dieser mittellose Junge, Hampton school aufzusuchen, eine der wenigen Schulen für Schwarze.
Hören wir ihn selbst, wie er von seinem 800 Kilometer langen Schulweg erzählt:
Meine erste Nacht auf dieser Reise werde ich nie vergessen. Wir waren in den Bergen von Virginia unterwegs in einer alten Postkutsche. Am Abend hielten wir an einer einfachen Herberge. Die anderen Reisenden waren Weiße. Nachdem sie ihre Zimmer hatten und auf das Abendessen warteten, ging ich schüchtern zum Wirt. Ich hatte zwar kaum noch Geld, aber die Nacht war sehr kalt und ich hoffte doch auf eine Unterkunft. Ich sagte: „Please, Sir, ich möchte ein Zimmer."

Der Wirt schaute mich empört an: „Für dreckige Neger gibt es hier kein Zimmer!"
Irgendwie brachte ich es fertig, mich warm zu laufen durch diese lange Nacht.
Das war das erste Mal, daß ich am eigenen Leib spürte, was die Hautfarbe ausmacht.
Zu Fuß und per Anhalter habe ich nach einigen Tagen die große Stadt Richmond erreicht, die noch 150 Kilometer von meinem Ziel Hampton entfernt ist. Ich war müde, hungrig und dreckig, als ich spät in der Nacht dort ankam. Ich hatte keinen Pfennig in der Tasche und wußte nicht, wohin.
Ich versuchte an mehreren Stätten unterzukommen, aber alle wollten Geld. Als ich nicht wußte, was ich tun sollte, lief ich herum, von einer Straße in die andere. Dabei kam ich an einer Wirtschaft vorbei, wo gebratene Hühner und Apfelpudding verführerisch angeboten waren. Mir schien es, ich würde gern ein Vermögen für sie ausgeben. Aber ich hatte nichts, und so bekam ich nichts zu essen.
Sobald es Tag wurde, sah ich in der Nähe ein großes Schiff. Da wurde Alteisen ausgeladen. Ich ging gleich hin und fragte den Captain, ob ich beim Ausladen helfen könnte, um etwas zu essen zu verdienen. Denn ich hatte einen schrecklichen Hunger. Der Captain, ein Weißer, der einen freundlichen Eindruck machte, war einverstanden.
Ich habe gearbeitet, bis es zum Frühstücken ausreichte, und niemals vorher oder nachher hat mir ein Frühstück besser geschmeckt.

Nach zwei Wochen gelang es mir, Hampton school zu erreichen. Gleich ging ich zur Oberlehrerin, um mich vorzustellen. Nach so vielen Tagen ohne ordentliche Ernährung, ohne Bad und ohne frische Kleider machte ich natürlich einen schlechten Eindruck. Sie wollte mich nicht nehmen.
Als ich stur vor der Tür stehenblieb, sagte sie mir nach einigen Stunden: „Das Klassenzimmer nebenan soll saubergemacht werden. Da ist ein Besen."
Sofort sah ich die Chance meines Lebens. Ich kehrte das Zimmer dreimal mit dem Besen. Dann fand ich einen Lappen und wischte den Staub viermal ab. Als ich fertig war, meldete ich mich bei der Oberlehrerin. Sie war eine „Yankee" aus dem Norden und wußte genau, wo sie den Staub suchen mußte. Sie prüfte den Boden und die Schränke. Sie nahm ihr Taschentuch und fuhr über die Tische und die Bänke. Als sie nicht das kleinste bißchen Staub finden konnte im ganzen Raum, sagte sie ruhig: „Okay. Wir nehmen dich auf Probe."
Ich war der glücklichste Mensch auf Erden.
Ich mußte schwer arbeiten, um mein Schul- und Internatsgeld zu zahlen. Um vier Uhr in der Früh fing ich an, die Öfen zu heizen. Dann bereitete ich mich auf die Schule vor. Am Abend putzte ich die Klassenzimmer bis spät in die Nacht. Es war hart, sehr hart. Aber ich habe es geschafft.

8. Was sind die Ursachen von Gewalt, Terror und Krieg?

Unersättliche Habgier und Machtgier und die darauffolgende Wut der Unterdrückten.

Der Teufelskreis der Gewalt

Der Puertoricaner Nicky Cruz erzählt von seiner Schulzeit in New York:
Der Unterricht war vorüber, ich ging allein über den Schulhof und merkte, daß einige Jungen mir folgten. Ich sah über die Schulter zurück. Hinter mir waren fünf Negerjungen und ein Mädchen. Ich wußte, daß es zwischen den Puertoricanern und den Negern schon manchen harten Kampf gegeben hatte. Deshalb ging ich schneller, doch ich spürte, daß auch sie ihre Schritte beschleunigten.
Ich trat aus dem Hof und ging den Betonweg zur Straße entlang. Die jungen Neger holten mich ein, und einer von ihnen, ein stämmiger Kerl, stieß mich gegen die Wand. Ich ließ meine Bücher fallen, und ein anderer Junge stieß sie in einen Abfluß, in dem etwas Wasser stand.
Ich sah mich um, entdeckte aber niemand, den ich zu Hilfe rufen konnte. „Was hast du auf unserem Gebiet zu suchen, Kleiner?" fragte der Junge. „Weißt du nicht, daß hier unser Gebiet ist?"
„Mensch, hier ist die Schule! Die gehört überhaupt keiner Bande!"

„Spiel dich nicht auf, Kleiner", entgegnete der andere. „Du gefällst mir nicht." Er legte mir die Hand auf die Brust und drückte mich gegen die Wand. In diesem Augenblick hörte ich ein Klicken und wußte, daß es das Geräusch eines Klappmessers war.
Der große Junge setzte mir die Messerspitze auf die Brust und tippte auf meine Hemdknöpfe. „Paß auf, was jetzt wird, mein Kleiner", sagte er. „Du bist noch neu hier in der Schule, und wer neu ist, der braucht Schutz, verstehst du? Du zahlst uns jeden Tag 25 Cent, und wir sorgen dafür, daß dir keiner etwas tut."
Einer der anderen Jungen kicherte und ergänzte: „Ja, wir sorgen sogar dafür, daß selbst wir dir nichts tun, verstehst du?"
Die anderen lachten.
„So?" gab ich zurück. „Und wenn ich euch wirklich die 25 Cent am Tag gebe, welche Garantie habe ich dann, daß ihr mich wirklich in Ruhe laßt?"
„Überhaupt keine, du Schlaukopf, denn du gibst sie uns sowieso. Sonst bringen wir dich nämlich um", antwortete der Große.
„Na gut, dann bringt mich am besten gleich um. Sonst werde ich nämlich einen nach dem anderen von euch fertigmachen." Ich sah genau, daß die anderen schon ein wenig Angst hatten. Der große Junge, der mir das Messer gegen die Brust hielt, dachte, ich wäre ein Rechtshänder, deshalb erwartete er nicht, daß ich plötzlich seinen Arm mit der linken Hand packte, von meiner Brust fortriß und auf

den Rücken drehte. Er ließ das Messer fallen, und ich nahm es auf. Es lag mir gut in der Hand. Dann drückte ich sein Gesicht gegen die Wand, während die Messerspitze dicht unter seinem Ohr lag. Das Mädchen schrie auf.

Ich wandte mich ihr zu. „He, Baby! Dich kenne ich doch! Ich weiß, wo du wohnst! Heute abend komm' ich zu dir und bring' dich um! Wie gefällt dir das?"

Sie schrie noch lauter, packte einen der anderen Jungen und wollte ihn fortziehen. „Lauft, lauft!" schrie sie. „Der Kerl ist verrückt! Lauft!"

Sie liefen fort. Auch der große Junge, den ich mit dem Messer gegen die Wand gedrückt hatte.

Ich ging zu dem Ablauf, wo meine Bücher lagen, nahm sie auf und schüttelte das Wasser ab. Das Messer hatte ich immer noch in der Hand. Ich ließ es in meine Jackentasche gleiten und ging heim. Von nun an, so dachte ich, werden sie es sich wohl zweimal überlegen, ehe sie sich mit Nicky anlegen.

Nicky Cruz ließ sein Klappmesser nicht in der Tasche ruhen. Von Haß und Rachsucht getrieben, wurde er einer der gefährlichsten Bandenführer von New York ... Bis ihn David Wilkerson zu Christus geführt hat.

9. Steht das Recht, Kinder zu erziehen, zuerst dem Staat zu?

Nein, die Eltern sind die ersten Erziehungsberechtigten des Kindes.

Test für eine Diktatur

„Die Polizei!" meldete der erschrockene Schrei eines Kindes. Wie der Wind sausten die sieben Kinder aus dem Hause, kletterten über den Zaun, waren verschwunden.
Der Polizeioffizier grüßte Frau Trofim höflich. Hinter ihm trat eine Beamtin ein und kam gleich zur Sache: „Aufgrund des Urteils des städtischen Volksgerichts sind dem Vater die elterlichen Rechte entzogen. Und jetzt holen wir die Kinder ab. Wo sind sie?"
Der Vater war eingesperrt, weil er gepredigt hatte. Man wollte deswegen seine Kinder zwingen, in ein Heim zu gehen, wo sie nichts von Christus hören würden.
„Sie haben nicht das Recht dazu", wehrte sich Frau Trofim. „Mir als Mutter hat man die elterlichen Rechte nicht entzogen. Ich als Mutter habe alle Rechte auf die Kinder, und ich gebe sie nicht her. *Ich* habe sie geboren, nicht Sie."
„Sehr wohl. Wird berücksichtigt. Wir müssen erst noch Ihnen die Rechte entziehen", kam es kalt von der Beamtin. Dann zogen sich die Polizisten zur Be-

ratung in den Hof zurück. Ein wartender Polizist bemerkte plötzlich, daß sich hinter dem Bretterzaun etwas bewegte; forschende Kinderaugen guckten durch die Spalten herüber.
„Marsch, alle ins Haus!" befahl er.
Doch wie ein Schwarm Spatzen flogen sie davon, in verschiedene Richtungen, und trafen sich in ihrem eigens vorbereiteten Versteck in der Nähe des Friedhofs. Nachdem die Polizisten die Kinder weder auf der Straße noch im Nachbarhof finden konnten, fuhren sie ab.
Als es zu dämmern begann und die Kinder noch immer verschwunden waren, machte sich die Großmutter auf die Suche.
„Oma, sind sie fort?" fragte da plötzlich ein Stimmchen. Eines der Kinder war zum Kundschaften ausgesandt worden.
„Ja, mein Spatz! Lauf schnell und rufe die anderen!"
Mit einer Mischung von Vorsicht und Triumph auf den Gesichtern kehrte die Jungschar heim. Und dann wurde Gott gedankt für die Bewahrung!
Die Polizei kam nicht wieder.

Diese Kinder hatten noch Glück. Wir wissen, daß in Rußland viele andere Kinder von ihren Eltern weggerissen wurden aus religiösen Gründen.

10. Was versteht man unter Religionsfreiheit?

Die Freiheit von staatlichem Zwang in religiösen Dingen.

Das verbotene Buch

Iwan war ein evangelischer Christ, der wegen seiner missionarischen Tätigkeit in ein russisches Konzentrationslager eingesperrt wurde.
Als er noch in Freiheit war, hat er sich auf die Weiterführung seiner Mission im Lager vorbereitet, indem er ein kleines Notizbüchlein mit Worten aus der Bibel vollgeschrieben hat.
Aber wie sollte er sein Büchlein ins Lager hineinschmuggeln? Die Kontrolle war sehr streng. Die neuen Häftlinge mußten sich in einem großen, leeren Saal der Wand entlang aufstellen. Einer nach dem anderen wurde bis auf die Haut durchsucht und mußte dann auf die gegenüberliegende Seite des Saales gehen.
Iwan hatte einen äußerst kühnen Plan ausgedacht. Er versteckte sein Büchlein unter seinem Fuß. Plötzlich brach ein Mann zusammen. Es war ein älterer Christ, der eine Ohnmacht vortäuschte. Für einen Moment wurde so die Aufmerksamkeit der Wächter abgelenkt. Iwan nützte diesen Augenblick, um sein Büchlein mit einem kräftigen Schubs über den Boden zu schleudern. Blitzschnell war es wieder verschwunden unter

dem Fuß eines schon durchsuchten Kameraden auf der anderen Seite.
So kam das Wort Gottes in ein kommunistisches Lager und wurde für viele „zur Leuchte für die Füße und zum Licht für den Weg"!

Die Klugheit

Woran erkennt man, daß ein Messer gut ist? Daran vor allem, daß es *scharf* ist.
Woran erkennt man, daß ein Mensch gut ist? Daran vor allem, daß er *gerecht* ist.
Was also will der gute Mensch? Er will jedem das Seine geben, auch wenn es schwer ist.
Das gehört zur *Gerechtigkeit*.
Wie will er das tun? Er will, nach genauer Prüfung, die richtigen Mittel dazu wählen.
Das gehört zur *Klugheit*.

---

11. Was tut die Klugheit?

   Die Klugheit wählt die Mittel, um das Ziel zu erreichen.

Gewußt wie

Ein Sultan hatte geträumt, er verliere alle Zähne. Gleich nach dem Erwachen fragte er einen Traumdeuter nach dem Sinn des Traumes. „Ach, welch ein Unglück, Herr!" rief dieser aus. *„Jeder verlorene Zahn bedeutet den Verlust eines deiner Angehörigen!"* — „Was, du frecher Kerl", schrie ihn der Sultan wütend an, „was wagst du mir zu sagen? Fort mit dir!" Und er gab den Befehl: „50 Stockschläge für diesen Unverschämten!"

Ein anderer Traumdeuter wurde gerufen und vor den Sultan geführt. Als er den Traum erfahren hatte, rief er: „Welch ein Glück! Welch ein großes Glück! *Unser Herr wird alle die Seinen überleben!*" Da heiterte sich des Sultans Gesicht auf, und er sagte: „Ich danke dir, mein Freund. Gehe sogleich mit meinem Schatzmeister und lasse dir von ihm 50 Goldstücke geben!"

Auf dem Weg sagte der Schatzmeister zu ihm: „Du hast den Traum des Sultans doch nicht anders gedeutet als der erste Traumdeuter!" Mit schlauem Lächeln erwiderte der kluge Mann: „Merke dir, man kann vieles sagen; es kommt nur darauf an, *wie* man es sagt!"

---

12. Welcher Unterschied besteht zwischen Gerechtigkeit und Klugheit?

    Die Gerechtigkeit sagt, *was* zu tun ist, die Klugheit, *wie*.

New York macht sich strafbar

Von dem ehemaligen New Yorker Bürgermeister La Guardia erzählt man sich folgende großartige Geschichte:

Eines Tages ersetzte er den Polizeirichter, wie er es ab

und zu tat. Es war ein eiskalter Wintertag. Man führte ihm einen zitternden alten Mann vor.
Anklage: Entwendung eines Laibes Brot aus einer Bäckerei.
Der Angeklagte entschuldigte sich damit, daß seine Familie am Verhungern sei.
„Ich muß Sie bestrafen", erklärte La Guardia. „Das Gesetz duldet keine Ausnahme. Ich muß Sie zur Zahlung von zehn Dollar verurteilen."
Dann aber griff er in die Tasche und setzte hinzu: „Hier sind die zehn Dollar, um Ihre Strafe zu bezahlen. Und nun", fuhr er mit lauter Stimme fort, „bestrafe ich jeden Anwesenden in diesem Gerichtssaal mit einer Buße von 50 Cent — und zwar dafür, daß er in einer Stadt lebt, wo ein Mensch Brot stehlen muß, um essen zu können! — Herr Gerichtsdiener, kassieren Sie die Geldstrafe sofort ein und übergeben Sie sie dem Angeklagten."
Der Hut machte die Runde. Und ein noch halb ungläubiger alter Mann verließ den Saal mit 47 Dollar 50 Cent in der Tasche.

Müßten wir nicht eigentlich auch bestraft werden, wir, die Satten? Denn wir leben auf einem kleinen Planeten, wo jährlich Millionen von Kindern verhungern.

13. Warum ist der klug, der sich etwas sagen lassen kann?

Weil der einzelne, besonders der Anfänger, nicht alles wissen kann.

Die pfeifende Lunge

A. J. Cronin war damals junger Arzt in einem schottischen Dorf. Hören wir ihn selbst:
Mir schien, daß ich im Dorf schnell Anerkennung fand. Vielleicht hatte ich zu viel Erfolg, denn ich fing an, etwas eingebildet zu sein. Manchmal hatte mein älterer Kollege, Dr. Cameron, einen sehr kritischen Blick für mich übrig, wenn ich ihm zu sicher schien in meiner Diagnose.
Eines Nachmittags saß ich im Labor, als Janet, unsere Köchin, den Kopf durch die Tür steckte. „Bei Duncan ist was los. Er will sofort den Arzt."
Am Eingang fand ich Duncan, furchtbar aufgeregt.
„Es ist das Baby", sagte er.
„Schlecht?"
„Sehr schlecht. Die Kleine kann kaum atmen. Ihre Lunge pfeift schrecklich. Die Hebamme meint, es ist Lungenentzündung."
„Ach, diese Hebamme", dachte ich, „die weiß wieder mehr als die Ärzte." — „Gut, gehen wir gleich hin", entschied ich.
An seinem Haus angelangt, stiegen wir in den ersten Stock. Schon auf der Treppe hörte ich das Kind

atmen. Ein schlimmes, pfeifendes Atmen, das mich erschütterte. Zur Mutter, die halb tot war vor Angst, sagte ich: „Könnten Sie bitte die Vorhänge aufmachen, damit ich was sehe."

Da mischte sich gleich die aufdringliche Hebamme ein: „Ich habe die Vorhänge zuziehen lassen. Wissen Sie das nicht, daß das Licht kleine Kinder stört!"

„Ich bin keine Katze", gab ich ihr trocken zurück. „Ich sehe nichts im Dunkeln."

Die arme Kleine, etwa ein Jahr alt, war sehr unruhig. Ihr Backen waren rot und geschwollen, sie wälzte sich nach allen Seiten, jammerte herzzerreißend, klammerte sich an ihr Bettzeug, griff sich ins Gesicht — und dabei immer dieses schrecklich pfeifende Atmen. Ich maß ihre Temperatur: 37,5. Dann hörte ich ihre Brust ab, was furchtbar schwierig war, weil sie sich ständig hin und her warf.

Ich war ratlos. Dieser pfeifende Atem konnte nicht von Lungenentzündung kommen. Es war etwas, dem ich noch nie begegnet war. Ich war besorgt, sehr besorgt. Doch um nicht dumm dazustehen, sagte ich: „Es ist die Lunge."

„Die Lunge!!" wiederholte die Hebamme und hob die Augen zur Decke. „Als ob ich das nicht gleich gewußt hätte! Sagen Sie uns lieber, was zu tun ist, bevor sich unser kleiner Schatz zu Tode pfeift."

„Tut nichts", sagte ich wütend, denn ich kannte wohl die unmöglichen Heilmittel der Hebamme. „Ich komme gleich wieder, ich muß Dr. Cameron holen."

„Das klügste Wort, das er gesprochen hat, seit er hereingekommen ist", sagte die Alte.
Ich fand Dr. Cameron bei seinem Tee. „Nanu, was ist los? Sie scheinen mir ein bißchen aufgeregt zu sein."
„Eine pfeifende Lunge", antwortete ich.
Cameron zog seine Augenbrauen hoch. „Noch nie gehört."
„Dann werden Sie es gleich hören", gab ich barsch zur Antwort.
Kurze Zeit danach waren wir beim Kind. Cameron hob die Kleine vorsichtig aus ihrer Wiege und preßte sein Ohr gegen den schmalen Brustkorb. Plötzlich schien es mir, als ob er lächelte, oder war es nur das Licht, das auf seinem verwitterten Gesicht spielte?
Er wandte sich zur Mutter: „Meine Liebe, haben Sie eine Haarnadel — oder so etwas Ähnliches?"
„Eine Haarnadel", stotterte sie ungläubig und griff nach ihrem Knoten.
„Genau das", nickte er zustimmend. „Und jetzt könnten Sie mich allein lassen mit meinem Kollegen, wir haben etwas zu besprechen." Zwischen Angst und Staunen ging Frau Duncan leise hinaus.
„Sie gehen auch!" befahl Cameron in rauherem Ton der Hebamme.
„Am besten bleibe ich da. Vielleicht kann ich Ihnen dann helfen."
Camerons Gesicht wurde finster. „Raus!" schrie er, „aber schnell, sonst bekommen Sie meinen Stiefel in Ihren dicken Hintern!"

Das war zuviel, sogar für die abgebrühte Hebamme. Sie schrie und rannte aus dem Zimmer.
Cameron lächelte mich an. „Ist es nicht erstaunlich, was man alles mit Liebenswürdigkeit erreichen kann? — Übrigens, junger Freund, wissen Sie, was ein ‚Squeaker‘ ist?"
„Ein Squeaker", wiederholte ich verwirrt.
„Genau. Ein Squeaker. Das habe ich gesagt."
Ich schaute ihn groß an.
„Also", sagte Cameron, „ich werde Ihnen erklären, was das ist. Ein ‚Squeaker‘ ist ein winziger Knopf, der pfeift, wenn man hineinbläst. Kinder spielen damit, und Babys stopfen es gern in Ohren, Mund und sogar ins Nasenloch." Während er sprach, beugte er sich mit der Haarnadel in der Hand über die Wiege. Schnell und zart schob er die Nadel in das Nasenloch und zog sie gleich wieder heraus. Sofort hörte das pfeifende Atmen auf.
„Du lieber Gott", platzte ich heraus.
„Da haben Sie Ihre pfeifende Lunge", bemerkte sanft Cameron und hielt dabei das Pfeifchen auf seiner flachen Hand.
Das Baby lächelte Cameron ganz lieb an, zog die Beinchen an und fing an, an seinem Daumen zu lutschen. Ich wurde knallrot, murmelte voller Scham, daß ich der größte Idiot der Welt wäre. Ich streckte meine Hand aus, um das Pfeifchen zu nehmen. Aber Cameron schob es in seine innere Tasche.
„Nein, mein Junge", sagte er freundlich. „Bei mir ist es gut aufgehoben. Und wenn ich je einmal merke, daß Sie ein bißchen überschnappen, dann werde ich es todsicher wieder herausholen."

14. Warum nennt man die Klugheit auch *Vorsicht*?

    Weil sie kommende Schwierigkeiten *voraus*sieht und entsprechend handelt.

„Mutti, warum ...?"

„Mutti, warum willst du nicht mit mir spielen?" fragt die sechsjährige Nelly.
„Weil ich keine Zeit habe."
„Warum hast du keine Zeit?"
„Weil ich arbeite."
„Warum arbeitest du?"
„Um Geld zu verdienen."
„Warum verdienst du Geld?"
„Um dir Essen zu geben." —
„Ach, weißt du, Mutti: ich hab' keinen Hunger!"

15. Was kann ein kluger Mensch von einem Schwindler lernen?

    Phantasie und Menschenkenntnis — die zum klugen Handeln nötig sind.

„Die Liebe siegt"

Der erste Roman des Schriftstellers Peter Axworty trug den großartigen Titel „Die Liebe siegt". Leider kaufte ihn niemand, das Buch blieb in den Regalen der Buchhandlungen stehen.

Da wußte sich Axworty zu helfen. Er ließ folgende Annonce in verschiedenen großen Zeitungen drucken:
Millionär, 30 Jahre, hochgewachsen, sportlich, musikliebend, möchte ein Mädchen heiraten, das in allem der Heldin des Romans „Die Liebe siegt" ähnlich ist.
Der Erfolg ließ nicht auf sich warten. Nach einer Woche waren alle Exemplare seines Buches verkauft.

---

16. Warum ist es klug, bei Entscheidungen auf die Jugend zu hören?

    Weil die Jugend oft kühne und neue Wege findet.

Da ist nichts zu machen

Kopenhagen, 13. November 1953.
In der Zentrale der Feuerwehr läutet das Telefon. Es ist drei Uhr in der Früh. Erich, der junge Feuerwehrmann, der Nachtdienst hat, hebt den Hörer ab. Er ist 22 Jahre alt.
„Hier Feuerwehr ..."
Niemand meldet sich. Doch er hört schwer atmen. Und dann eine aufgeregte Frauenstimme: „Hilfe, Hilfe! Ich kann nicht aufstehen. Ich liege im Blut!"
„Beruhigen Sie sich", sagt Erich. „Wir kommen gleich. Wo sind Sie?"

„Ich weiß es nicht."
„Sind Sie nicht zu Hause?"
„Ja, ich glaube schon."
„Wo ist das, welche Straße?"
„Ich weiß es nicht. Mir wird schwindelig. Ich verliere Blut."
„Gut, sagen Sie mir Ihren Namen!"
„Ich kann mich an nichts erinnern. Ich muß auf den Kopf gefallen sein."
„Bleiben Sie bitte am Apparat." Erich geht zum zweiten Telefon und ruft die Post an. Eine Männerstimme meldet sich.
„Bitte", sagt Erich, „können Sie mir die Telefonnummer geben, die gerade jetzt mit der Feuerwehrzentrale verbunden ist?"
„Nein, das kann ich nicht. Ich bin hier der Nachtwächter und kenne mich in diesen technischen Dingen nicht aus. Und heute, am Samstag, sind die zuständigen Leute nicht zu erreichen."
Erich hängt ein. Da fällt ihm etwas anderes ein. Er fragt die Frau: „Wie haben Sie überhaupt die Feuerwehrnummer gefunden?"
„Sie steht auf dem Telefon geschrieben. Ich muß es beim Fallen mitgerissen haben."
„Schauen Sie, ob Ihre eigene Nummer nicht drauf ist!"
„Nein, sonst steht nichts drauf. — Aber bitte, kommen Sie schnell!" Die Stimme wird immer schwächer.
„Sagen Sie, was sehen Sie von Ihrer Lage aus?"

„Ich sehe ... ich sehe das Fenster und die Straßenlaterne draußen."

Aha, denkt Erich, sie wohnt auf der Straßenseite und kann höchstens im zweiten Stock sein, wenn sie noch die Laterne sieht.

„Wie ist das Fenster?" forscht er weiter. „Ist es viereckig?"

„Nein, es ist hoch."

Also, denkt Erich, muß sie in einem Altstadtviertel wohnen.

„Brennt das Licht in Ihrem Zimmer?"

„Ja, das Licht brennt."

Erich will weiterfragen, aber es kommt keine Antwort mehr.

Die Zeit drängt. Was kann man tun?

Erich ruft vom Nebenapparat den Feuerwehrhauptmann an. Er legt ihm das Problem vor. Der Hauptmann meint: „Da ist nichts zu machen. Wir können die Frau unmöglich finden. Und übrigens", schimpft er, „ist die Hauptleitung der Feuerwehr durch diese Frau andauernd belegt. Wenn es nun irgendwo brennt!" Erich will nicht aufgeben. Bei seiner Ausbildung hat er gelernt: Die erste Pflicht der Feuerwehr ist, Leben zu retten!

Plötzlich hat er einen verrückten Einfall und sagt ihn seinem Chef.

Aber der Hauptmann schreckt zurück: „Das ist Wahnsinn! Die Leute werden meinen, ein Atomkrieg sei ausgebrochen. Mitten in der Nacht in einer Millionenstadt!"

„Bitte", sagt Erich beschwörend, „wir müssen schnell handeln, bevor es zu spät ist."
Am anderen Ende des Drahtes ist Stille. Dann hört Erich: „Gut, wir machen es. Ich bin gleich da."
Eine Viertelstunde später fahren 20 Leichtwagen der Feuerwehr mit heulenden Sirenen in die Großstadt hinaus. Jeder hat einen bestimmten Bezirk der Altstadt kreuz und quer zu durchfahren.
Die Frau meldet sich nicht mehr, aber Erich hört ihren Atem. Nach zehn Minuten ruft Erich: „Jetzt höre ich eine Sirene durch den Hörer!"
Gleich darauf spricht der Hauptmann durch seine Funkanlage: „Auto Nr. 1, Sirene abstellen!" Er schaut zu Erich.
„Ich höre die Sirene noch ...", sagt der Junge.
„Auto Nr. 2, Sirene abstellen!"
„Ich höre sie noch ..."
Beim zwölften Auto sagt Erich triumphierend: „Jetzt hat die Sirene aufgehört!"
Der Hauptmann gibt den Funkbefehl: „Auto Nr. 12, Sirene wieder anstellen."
Erich meldet: „Ich höre sie wieder, jetzt wird es aber leiser."
„Auto Nr. 12, umkehren!" spricht der Hauptmann.
Kurz danach Erich: „Es wird stärker, es ist ganz laut, es muß die Straße sein!"
„Auto Nr. 12, schauen Sie, in welchem Fenster das Licht brennt."
Es schnarrt zurück: „Es brennnen Hunderte von Lichtern, die Leute sind alle an den Fenstern!"

„Benutzen Sie Ihre Sprechanlage!" befiehlt der Hauptmann.

Erich hört durchs Telefon den Lautsprecher: „Meine Damen und Herren, wir suchen eine Frau, die in Lebensgefahr schwebt. Ihr Licht ist angezündet. Bitte schalten Sie Ihre Lichter aus!"

Die Lichter erlöschen, nur ein Fenster bleibt erleuchtet.

Erich hört, wie gleich danach die Tür aufgebrochen wird; dann meldet sich eine Männerstimme am Telefon: „Sie ist bewußtlos, aber ihr Puls schlägt noch. Wir bringen sie gleich ins Krankenhaus. Ich glaube, sie wird es schaffen."

Ellen Thorndall, so hieß die Frau, hat es tatsächlich geschafft. Sie kam wieder zu Kräften. Nach einigen Wochen ist auch ihr Gedächtnis zurückgekommen.

---

17. Warum hilft die Lebenserfahrung, das Richtige zu tun?

    Weil sie uns sagt, welche Folgen unser Tun haben kann.

Können Sie schweigen?

Während des amerikanischen Bürgerkrieges wurde General Jackson von einem Neugierigen angesprochen: „Herr General, darf ich Sie fragen, wo Sie den Feind jetzt angreifen werden?"

Darauf sprach ihm der General leise ins Ohr: „Sagen Sie mir, können Sie ein Geheimnis bewahren?"
„Ja, sicher, Herr General ..."
Darauf Jackson: „Ich auch!" und ließ den Wichtigtuer stehen.

---

18. Welches sind die wichtigsten Fehler gegen die Klugheit?

    **Unaufmerksamkeit beim Überlegen,
    Unbesonnenheit beim Entscheiden
    und Unschlüssigkeit beim Handeln.**

Peinlich! Peinlich!

Wilhelmine Schröder, die berühmte Schauspielerin und Sängerin, hatte bereits ihre Blütezeit überschritten. Eines Tages fuhr sie von Hamburg nach Frankfurt im Abteil erster Klasse. Das Gespräch kam auf sie. Eine Dame äußerte sich, daß ihre Stimme stark nachgelassen hätte, ihr schauspielerischer Stern wäre auch am Erlöschen. Sie sei fett geworden wie eine gestopfte Gans.
Der Herr, der diese Kritik mitanhörte, meinte schmunzelnd: „Das können Sie der ‚singenden Schauspielerin' selbst sagen, denn sie sitzt Ihnen zufällig gegenüber!"
Die Dame erblaßte und stotterte Entschuldigungen am laufenden Band. Da fand sie endlich eine retten-

de Ausrede: „Madame", sagte sie zu der Schauspielerin, „an meinem dummen Geschwätz ist bestimmt der Journalist der Abendzeitung schuld. Man läßt sich doch immer noch von seinen giftigen Theaterberichten beeinflussen. Schrecklich, dieser Journalist."
Die Schauspielerin antwortete lächelnd: „Wollen Sie ihm das nicht selber sagen ... Er sitzt gerade neben Ihnen."

---

19. Ist etwa Überlegen oder Entscheiden das Wichtigste bei der Klugheit?

    Nein, am wichtigsten ist, die gut überlegte Entscheidung entschlossen auszuführen.

Die Zuflucht

Anne Frank war nur eine von vielen Juden, die in Holland untertauchen mußten.
Corrie ten Boom erzählt, wie ihr Haus in Haarlem zur Zuflucht wurde für verfolgte Juden. Sie wohnte mit ihrem alten Vater und ihrer Schwester Betsie über dem Uhrengeschäft der Familie.
Die Juden in Holland hatten viele Freunde. Einer, der Architekt war, Herr Smit, besuchte Corrie. Er war erschrocken, als er hörte, daß es keinen geheimen Raum im Haus gab. Er erklärte sich bereit, ein Versteck für ihre jüdischen Freunde zu bauen.

„Das Versteck muß so hoch wie möglich liegen", meinte der Architekt. „Das gibt den Juden die beste Möglichkeit, es zu erreichen, während unten alles durchsucht wird."

Corrie erzählt weiter:

Er betrat oben am Ende der Treppe mein Zimmer und rief glücklich: „Das ist das Richtige."

„Aber ...", zögerte ich, „dies ist mein Schlafzimmer." Herr Smit achtete gar nicht darauf. Er maß bereits und rückte den alten Kleiderschrank von der Wand ab.

„So wird die falsche Wand verlaufen. Größer wage ich den Raum nicht zu machen", sagte er. „Er reicht aber für ein Feldbett aus. O ja. Bequem!"

In den nächsten Tagen gingen er und seine Arbeiter im Hause beständig ein und aus. Sie klopften nie an. Bei jedem Besuch trug jeder Mann etwas hinein. Werkzeuge in einer zusammengefalteten Zeitung. Ein paar Ziegelsteine in einer Aktentasche. „Was? Holz!" rief er, als ich zu fragen wagte, ob eine Holzwand nicht leichter zu errichten wäre. „Holz klingt hohl. Sie werden es gleich hören, daß ein Raum dahinter ist. Nein, nein, Ziegelsteine sind das einzig Mögliche für falsche Wände."

Nachdem die Wand errichtet war, kamen der Gipser, der Tischler und schließlich der Anstreicher. Sechs Tage nach „Baubeginn" rief Herr Smit Betsie, Vater und mich zur Besichtigung.

Wir standen an der Tür und staunten. Alle vier Wände waren so schmutzig und fleckig wie alle alten Räume in Haarlem, dort, wo man noch mit Kohlen heizt. Alte Wasserflecke bedeckten die Hinterwand, eine Wand, von der sogar ich kaum glauben konnte, daß man sie 75 Zentimeter von der wirklichen Wand entfernt gezogen hatte. Eingebaute Bücherregale zogen sich an dieser falschen Wand entlang. In der linken Ecke hinten, unter dem untersten Brett, befand sich eine 50 Zentimeter hohe und breite Schiebetür, die man hochziehen konnte. Herr Smit bückte sich und zog sie hoch.

Auf Händen und Knien krochen Betsie und ich in den schmalen Raum dahinter. Aber als wir darin waren, konnten wir aufstehen, uns hinsetzen oder uns sogar abwechselnd auf der einzigen Matratze ausstrecken. Ein verborgener Ventilator führte raffiniert in die wirkliche Wand, so daß Luft von außen eindringen konnte.

„Sorgen Sie dafür, daß dort immer ein Krug voll frisches Wasser steht und eine große Dose Schiffszwieback", sagte Herr Smit. Mit seiner Faust schlug er an die Wand über den Bücherregalen.

„Die Gestapo könnte ein Jahr lang suchen", sagte er, „sie wird das nie finden."

Die Jagd nach den Juden wurde immer schlimmer. Sechs nahmen wir in unser Haus auf. Zweimal in der Woche übten wir für den Ernstfall. Wir hatten ein elektrisches Alarmsystem. Wenn einer von uns auf den Alarmknopf drückte, war in jedem Zimmer ein leises Summen zu hören. Wenn das nachts geschah, mußten die Juden sofort ihr Bettzeug wegreißen und die Matratzen umdrehen, damit die Körperwärme ihre Anwesenheit nicht verriet.

Schnell und leise eilten sie in das Versteck, mit Kleidern, Bettzeug und ihrem ganzen Kleinkram. Das Ganze dauerte anfangs fünf Minuten, nach einiger Übung brauchten sie nur noch 70 Sekunden.
Und dann war es soweit.
Ich war krank und lag mit Fieber im Bett. In meinem Fiebertraum ertönte unentwegt ein Summer. Immer wieder, immer wieder. Warum verstummte er nicht? Füße liefen, Stimmen flüsterten „Schnell! Schnell!" Ich richtete mich jäh auf. Menschen rannten an meinem Bett vorbei. Als ich mich umdrehte, sah ich gerade noch Theas Fersen durch die Schiebetür verschwinden. Meta folgte ihr, dann Henk.
Aber — ich hatte keine Übung für heute geplant. Wer in aller Welt ... es sei denn ... es sei denn, es war keine Übung. Eusie raste mit weißem Gesicht an mir vorbei. Seine Pfeife klapperte im Aschenbecher, den er in seinen zitternden Händen trug.
Und schließlich dämmerte es mir, daß es kein Spiel, sondern Ernst war. Ein, zwei, drei, vier Menschen waren bereits in dem geheimen Raum; fünf, als Eusies schwarze Schuhe und knallrote Socken verschwanden. Aber Mary — wo war Mary? Die alte Frau erschien mit offenem Mund nach Luft ringend in der Schlafzimmertür. Ich sprang aus meinem Bett, und halb zog ich, halb schob ich sie durch das Zimmer. Ich zog das Brett herunter, eilte in mein Bett zurück.
Unten hörte ich Türen schlagen und auf der Treppe schwere Schritte, aber ein anderes Geräusch ließ mein Blut erstarren, der keuchende, rasselnde Atem Marys.

Ich war gerade wieder im Bett, als die Schlafzimmertür aufgerissen wurde. „Wie heißen Sie?"
Langsam und — wie ich hoffte — verschlafen setzte ich mich auf.
„Was?"
„Wie heißen Sie?"
„Cornelia ten Boom."
„Ach, Sie sind es!" Es war ein großer, schwerer Mann mit einem seltsamen blaßen Gesicht. Er blickte mich mit neuem Interesse an. „Sagen Sie mir jetzt, wo Sie die Juden verstecken!"
„Ich weiß nicht, wovon Sie reden."
Er lachte. „Nun, das wird sich schon zeigen!"
Er rief einen Mann herbei und sagte: „Sie wissen, was Sie zu tun haben, Kapteyn." Kapteyn packte mich am Ellbogen und schob mich vor sich hinunter. Ein anderer Soldat stand in der Tür Wache. Kapteyn stieß mich in den Laden und befahl mir, mich an die Wand zu stellen.
„Wo sind die Juden?"
„Was für Juden?"
Der Mann versetzte mir einen heftigen Schlag ins Gesicht.
„Wo sind die Juden?"
„Ich weiß nicht, wovon Sie ..."
Kapteyn schlug mich von neuem. Ich taumelte gegen eine Standuhr. Ehe ich mich wieder in der Gewalt hatte, schlug er mich noch einmal. Schlug mich immer wieder. Die Schläge taten sehr weh, und mein Kopf fiel nach hinten.
„Wo sind die Juden?"

Noch ein Schlag.
„Wo ist Ihr geheimer Raum?"
Ich schmeckte Blut im Mund. Der Kopf drehte sich mir, meine Ohren dröhnten. „Herr Jesus", schrie ich, „schütze mich!" Dann verlor ich das Bewußtsein.

Das erste, was ich wieder hörte, waren Hammerschläge und das splitternde Holz über uns. Eine Gruppe von Männern, die für so etwas ausgebildet waren, suchten nach dem geheimen Raum.

Nach langer Zeit erschien ein Mann in der Tür. „Wir haben das ganze Haus durchsucht", sagte er. „Wenn es hier einen geheimen Raum gibt, dann hat ihn der Teufel selbst gebaut." Der Polizeichef blickte von Betsie zu Vater und dann zu mir: „Es gibt hier einen geheimen Raum", sagte er ruhig, „und Menschen haben sich darin versteckt. Nun gut. Wir werden das Haus bewachen lassen, bis sie alle krepiert und zu Mumien geworden sind."

Dann wurden mein Vater, Betsie und ich ins Gefängnis gebracht. Ich wurde monatelang in Einzelhaft gehalten. Eines Tages bekam ich einen Brief von meiner Schwester Nollie. Der Brief war geöffnet, wie üblich, und konnte wegen der Kontrolle nicht viel sagen. Eines fiel mir auf, nämlich daß Nollie die Anschrift schräg nach oben geschrieben hatte, und zwar in Richtung Briefmarke. Sonst schrieb Nollie immer gerade. Die Briefmarke! Konnte das sein? Ich löste aufgeregt die Briefmarke mit etwas Wasser ab. Tatsächlich, darunter war etwas geschrieben. Ich stellte mich unter das Licht,

um die winzige Schrift zu entziffern. Da stand: „Alle Uhren in deinem Schrank sind gerettet." Dann waren also alle sechs Juden aus dem geheimen Raum entkommen! Sie waren gerettet.
Erst viel später erfuhr ich, wie das gelungen war. Ein Polizist aus Haarlem mit Namen Rolf arbeitete insgeheim mit uns. In der vierten Nacht nach der Razzia gelang es ihm, für den Wachtdienst in unserem Haus eingeteilt zu werden. Er kannte das Versteck und befreite die Juden. Er fand sie alle gesund, wenn auch in qualvoller Enge und hungrig, und brachte sie dann in neue Verstecke.

Ihre Schwester Betsie und ihr Vater starben durch die Mißhandlungen der Gefangenschaft. Corrie wurde 1945, gegen Ende des Krieges, wieder frei und konnte uns das Ganze erzählen.

---

20. Worin besteht die vollendete Klugheit?

Darin, daß man das Ziel des ganzen Lebens nie vergißt.

Erfolg ... und dann?

Ein großer spanischer Schriftsteller, Lope de Vega, lag auf dem Sterbebett. Sein Leben zog wie ein Film an ihm vorüber: Er hatte viel Erfolg gehabt und wurde sein Leben lang mit Beifall überschüttet. Mit mehr als tausend Theaterstücken hatte er die Menschen begeistert. Er hatte nur für den Erfolg gelebt — sollte er am Ende eines so erfolgreichen Lebens nicht zufrieden sein?

Als seine letzte Stunde nahte, sah er die Dinge plötzlich anders. Aber der Arzt, der ihn pflegte, sagte bewundernd zu ihm: „Sie können glücklich sterben. Die Welt wird Sie nicht vergessen, Sie werden als Großer in die Geschichte eintreten."

„Herr Doktor", sagte der Sterbende, „ich sehe es jetzt ein: Vor Gott ist nur der groß, der ein gutes Herz hat. Wie gerne würde ich jetzt allen Beifall meines ganzen Lebens hergeben, wenn ich dafür nur eine einzige gute Tat mehr tun könnte."

Die Tapferkeit

Wir haben es schon gesehen:
Das gute Messer ist das scharfe Messer.
Der gute Mensch ist der gerechte Mensch.

Aber es ist schwer, immer gerecht zu leben!
Wodurch verläßt man den geraden Weg der Gerechtigkeit? Durch Verlockung und Bedrohung. Die Verlockung zieht uns ab, und die Bedrohung treibt uns ab vom Weg.

Die *Mäßigkeit* widersteht der Verlockung.
Die *Tapferkeit* widersteht der Bedrohung.

---

21. Was heißt Tapferkeit?

    Tapferkeit heißt: fest bleiben im Guten, auch wenn Gefahr droht.

Der blinde Pilot

Irgendwo über Texas, in 12 000 Meter Höhe, erfaßt den Pilotenschüler Robert Waiding ein richtiges Hochgefühl. Neben ihm sitzt sein Lehrer, der Chefpilot Kapitän Joseph Garner. Er rührt nichts an, er beobachtet nur.
Es ist 22.45 Uhr.
Plötzlich spuckt der rechte Reaktor des Düsenjägers

Flammen. Es muß ein Mangel an Öl sein, der zur Überhitzung geführt hat.

Der Kapitän hält das Flugzeug für verloren. Sofort gibt er den klaren Befehl: „Das Flugzeug verlassen!" Gleich danach läßt er das Glasdach hochspringen, und ein gewaltiger Wind stürzt sich in das Flugzeug, das 700 Kilometer in der Stunde fliegt. Eine Sekunde später befiehlt der Kapitän Robert, zu springen.

Der Junge drückt sofort den Knopf, der den Schleudersitz hinausschießen soll, aber nichts geschieht. Irgend etwas funktioniert nicht. Mit äußerster Anstrengung dreht Robert den Kopf, und was er sieht, macht ihn starr vor Schreck. Der Stuhl des Kapitäns ist immer noch da, aber er ist leer. Der Chefpilot wurde vom Wind weggerissen.

Für Robert bleibt nur noch eine Überlebenschance, nämlich abzuspringen, und zwar schnell. Denn der Reaktor sprüht Flammen wie eine Rakete. Er dreht sich, um sich loszuschnallen. Da sieht er auf einmal einen Stiefel. Als er zurückschaut, liegt der Kapitän Joseph Garner eingezwängt im hinteren Teil des Cockpits, bewußtlos.

Robert weiß nicht mehr, was er tun soll. Das Flugzeug kann jeden Moment explodieren.

Plötzlich trifft der junge Pilot eine total verrückte Entscheidung. Er kann nicht springen. Er kann nicht seinen Lehrer bewußtlos zurücklassen. Seine Chance steht eins zu einer Million, aber er will sie riskieren.

Robert packt den Steuerknüppel und macht Sturzflug. Die Geschwindigkeit steigt auf 800 bis 900 Stundenkilometer. Die Temperatur im offenen Cockpit ist minus 40 Grad. Robert kann die Augenlider nicht mehr schließen. Sie haben sich bei diesem eisigen Sturm umgestülpt, und seine Augen tun entsetzlich weh.

Das Flugzeug nähert sich der 1 000-Stundenkilometer-Geschwindigkeit — und das mit offener Kabine! Robert zählt die Sekunden des Sturzflugs, und als er den Eindruck hat, nicht mehr weit vom Boden entfernt zu sein, bringt er die Maschine wieder auf Horizontalflug. Er tastet nach dem Schalter des Funkgerätes und ruft die Bodenstation: „Hier Schülerpilot Robert Waiding. Ich bin blind. Helft mir!"

Eine Stimme antwortet ihm: „Du bist 1 700 Meter hoch. Wir werden versuchen, dich runterzubringen." Die Stimme befiehlt, seine Geschwindigkeit auf 400 Stundenkilometer zu reduzieren.

Dann hört Robert: „Jetzt ist es soweit, du bist in der Achse der Landebahn." Die Stimme befiehlt, seine Flutlichter einzuschalten, damit man ihn führen kann. Er tastet nach den Schaltern, aber er findet den richtigen Knopf nicht.

„Dreh noch eine Runde, nimm dir Zeit! Ich werde dir genau sagen, wo sich der Knopf befindet", kommt die Stimme aus dem Kopfhörer.

Vier Minuten später sind die Lichter eingeschaltet, und seine Runde ist zu Ende. Doch kurz bevor das Flugzeug den Boden berührt, kommt es in schiefe Position. Da sagt die Stimme ohne eine Spur von

Aufregung: „Du kannst wählen, Kleiner. Entweder du gibst Gas und machst noch eine Runde, oder du ziehst die Räder wieder ein und landest auf dem Bauch."

Robert Waiding antwortet sofort: „Ich kann nicht mehr. Ich komm' runter."

Zwei Minuten später jagen die Feuerwehrwagen nach dem Flugzeug, das in einem riesigen Funkenregen bauchlandet. Das Flugzeug wird in feuerlöschendem Schaum ertränkt. Die Retter sind sofort zur Stelle und reißen die zwei Männer raus.

Kapitän Garner erwacht zehn Minuten später im Krankenhaus. Ihm wird man alles erzählen müssen. Robert Waiding braucht drei Tage, um wieder fast normal sehen zu können. Er wird sein Leben lang schwaches Augenlicht behalten.

---

22. Welches sind die Kennzeichen der Tapferkeit?

Mutiges Angreifen und vor allem beharrliches Standhalten bis ans Ende.

Aus der Hölle befreit

Nicky Cruz leitete in den sechziger Jahren ein Heim für rauschgiftsüchtige Jugendliche in New York. Er erzählt von Sonny, einem Jungen, der völlig verzweifelt das Heim aufsucht:

Die Entwöhnung vom Heroin ist eines der quälendsten Erlebnisse, die man sich nur vorstellen kann. Ich bereitete im dritten Stock unseres Hauses ein Zimmer für Sonny vor. Da ich wußte, daß ständige Aufsicht nötig war, sagte ich meiner Frau, ich würde die nächsten drei Nächte bei Sonny verbringen. Ich war fest entschlossen, nicht von seinem Bett zu weichen, bis er sich ausgetobt hatte.

Am ersten Tag war er unruhig, ging unaufhörlich auf und ab und sprach ohne Pause. Am Abend begann er zu zittern. Dann saß ich die ganze Nacht bei ihm, während er von Schüttelfrost gepackt wurde, daß ihm die Zähne klapperten. Hin und wieder riß er sich von mir los und lief zur Tür, doch ich hatte sie verschlossen, und er konnte nicht hinaus.

In der Dämmerung des zweiten Tages ließ das Zittern etwas nach, und ich führte ihn hinunter, damit er ein wenig frühstückte. Dann schlug ich einen Spaziergang rund um den Block vor, aber er war kaum auf der Straße, als er sich krümmte und übergeben mußte. Ich richtete ihn auf, doch er riß sich los und lief auf die Straße, wo er zusammenbrach. Ich zerrte ihn an den Gehsteig zurück und hielt seinen Kopf, bis der Anfall vorüber war und er wieder zu Kräften kam. Wir kehrten in sein Zimmer im dritten Stock zurück.

Gegen Abend schrie er: „Nicky, ich schaffe es nicht! Ich schaffe es nicht!"

„Nein, Sonny, gemeinsam werden wir es schaffen, Gott wird dir die Kraft geben, die du dazu brauchst."

„Ich will keine Kraft! Ich will eine Spritze! Ich muß

sie haben! Bitte, bitte, Nicky! Laß mich gehen! Um Gottes willen, laß mich gehen."

„Nein, Sonny, um Gottes willen lasse ich dich nicht gehen. Du bist für Gott sehr kostbar. Ich behalte dich hier, bis du wieder gesund bist!"

Er war in Schweiß gebadet und würgte immer wieder, daß ich fürchtete, er würde seinen Magen ausbrechen. Ich kühlte ihm die Stirn mit feuchten Tüchern und half, so gut ich konnte.

Am nächsten Tag konnte ich mich kaum noch auf den Beinen halten. Wieder versuchte ich, ihm etwas zu essen zu geben, aber er konnte nichts bei sich behalten.

Abends fiel er in einen unruhigen Schlaf. Er stöhnte und wälzte sich hin und her. Zweimal fuhr er auf und versuchte, die Tür zu erreichen. Beim zweitenmal mußte ich ihn gewaltsam wieder ins Bett schaffen. Ich hatte seit 42 Stunden nicht mehr geschlafen und konnte kaum noch die Augen offenhalten. Doch wenn ich jetzt einschlief, schlich Sonny vielleicht auf Nimmerwiedersehen davon. Wir waren dem Sieg schon ganz nahe, aber ich konnte nicht mehr kämpfen. Das Kinn sank mir auf die Brust, und ich dachte: Wenn ich nur für ein paar Minuten die Augen schließe ...

Erschrocken fuhr ich hoch. Das fahle Licht der Straßenlaternen fiel in den kahlen Raum. Ich meinte zwar, die Augen nur wenige Sekunden zugemacht zu haben, aber irgend etwas sagte mir, daß es wohl doch länger gewesen sein müsse. Sonnys Bett war leer.

Ich sprang auf und lief auf die Tür zu, als ich ihn neben dem Fenster sah. Eine Welle der Erleichterung war in mir. Draußen fiel Schnee. Straße und Gehsteig verschmolzen zu einem weißen Teppich, und die Zweige der Bäume vor dem Fenster mit ihren zarten Knospen funkelten unter den weißen Flocken.
Sonny sagte: „Es ist wunderbar! Es ist unglaublich! Ich habe noch nie etwas so Schönes gesehen! Du?"
Ich starrte ihn an. Seine Augen waren klar, und seine Zunge war nicht mehr unbeholfen.
Er lächelte. „Gott ist gut, Nicky. Er ist wunderbar! Heute nacht hat er mich aus der Hölle befreit. Ich bin frei geworden!"
Ich sah auf das schöne Bild, das sich uns bot, und flüsterte: „Ich danke dir, Gott. Ich danke dir!" Und neben mir flüsterte Sonny: „Ich danke *dir!*"

---

23. Warum braucht der Tapfere viel mehr Geduld als Heldenmut?

    Weil er öfter andere ertragen muß als einen Ertrinkenden retten.

„Trink St.-Vinzenz-Wasser"

Zum heiligen Vinzenz Ferrer kam einst eine Frau. Sie beklagte sich bitter über ihren Mann: er sei so brummig und jähzornig, man könne es schier nicht

mehr bei ihm aushalten. Meister Vinzenz möchte ihr doch ein Mittel geben, damit der Friede wieder in ihr Haus einziehe.
„Geh zu unserem Kloster", sprach der Heilige, „und sag dem Pförtnerbruder, er soll dir etwas Wasser vom Klosterbrunnen geben. Kommt dann dein Mann nach Hause, so nimmst du einen Schluck von diesem Wasser. Behalt es aber vorsichtig im Munde. Dann wirst du Wunder erleben!"
Getreulich tat die Frau, was der Heilige befohlen hatte. Als der Mann abends heimkam, begannen gleich wieder Mißmut und Ungeduld in ihm sich zu regen. Schnell nahm die Frau von dem geheimnisvollen Wasser und preßte die Lippen aufeinander, um ja das Wunderwasser gut im Munde zu behalten. Wirklich! Bald schon schwieg der Mann. So war für heute das Ungewitter schnell vorüber.
Noch mehrmals versuchte die Frau ihr Geheimmittel: immer wieder der gleiche wunderbare Erfolg! Ihr Mann war seitdem wie umgewandelt. Er gab ihr wieder liebe Worte und lobte sogar ihre Sanftmut und Geduld.
Die Frau, ganz selig über ihres Mannes Sinnesänderung, eilte zum Heiligen und berichtete ihm freudestrahlend über den Erfolg des Geheimmittels.
„Das Wasser vom Klosterbrunnen, das ich dir geben ließ, liebe Tochter", sprach lächelnd Vinzenz, „hat dieses Wunder nicht bewirkt, sondern nur dein Schweigen. Früher hast du deinen Mann durch Widerreden gereizt: dein Schweigen hat ihn besänftigt."

Noch heute gibt es in Spanien das Sprichwort: „Trink St.-Vinzenz-Wasser!"
Wir wär's, wir nähmen hin und wieder auch einen Schluck von diesem Wasser?

---

24. Was ist Großmut?

Großmut ist Mut zu großherzigen Mitteln für einen großen Zweck.

Um eine Null geirrt

Kardinal Alexander Farnese (der spätere Papst Paul III.) war sehr freigebig.
Eines Tages bat ihn ein armes Mütterchen um fünf Silberstücke, die sie in ihrer großen Notlage unbedingt brauchte.
Der Kardinal schickte seinen Sekretär, der ihr 50 Silberstücke brachte.
„Das ist ein Irrtum, ich habe ja nur um fünf Silberstücke gebeten", meinte die arme Frau. Doch der Sekretär zeigte auf den Zettel, worauf der Kardinal tatsächlich 50 geschrieben hatte.
Das gute Mütterchen ging mit dem Zettel in der Hand zum Kardinal. „Eminenz", rief sie, „hier haben Sie sich um eine Null geirrt!"
„Tatsächlich, Sie haben recht!" antwortete der Kardinal. Dann nahm er seine Feder, und lächelnd fügte er eine Null hinzu.
Ergriffen las die gute Frau: 500 Silberstücke.

25. Was ist Anmaßung?

Anmaßung ist eine falsche Tapferkeit, die Unmögliches fertigbringen will.

Die Schnecke greift an

Eine Schnecke, die an einem Bahndamm wohnte, ärgerte sich alle Tage über einen Schnellzug, der vorbeisauste und sie in ihrer Arbeit störte.
„Das will ich ihm austreiben!" sagte die Schnecke zu sich selbst, stellte sich zwischen den Gleisen auf und streckte drohend ihre Fühler aus, als sie den Zug in der Ferne auftauchen sah. „Niederstoßen werd' ich ihn!" sagte sie voll grimmen Mutes.
Der Zug kam heran und brauste über die Feindin hinweg. Die Schnecke drehte sich um und sah dem Davoneilenden nach. „Er hält nicht stand", sagte sie verächtlich, „er reißt aus, er ist ein Feigling."

---

26. Ist jeder schon tapfer, der behauptet, keine Angst zu haben?

Nein, sondern wer trotz seiner Angst besonnen und ruhig bleibt.

„Bei drei schieße ich"

Bill Blackwood war von seinen Bekannten wieder einmal in ihre Villa am Hudson eingeladen. Eines

Sonnabends macht er sich also auf und trifft auf dem Landsitz bereits eine Riesenmenge von Gästen. Es ist nicht zu leugnen, daß an besagtem Abend nicht bloß Limonade getrunken wurde. Gegen Ende der Sitzung tritt der Hausherr zu Bill: „Mein armer Bill, ich muß dich leider ins Gespensterzimmer einquartieren. Alle anderen sind überfüllt."

„Well", meinte Bill gelassen, „wird mir ein Vergnügen sein."

„Oh, Mister Blackwood!" riefen einige Damen bewundernd. „Haben Sie denn gar keine Angst? Sie wissen doch, daß dort jene arme Frau umgeht, die vor 30 Jahren in dem Zimmer Selbstmord verübt hat ..."

„Woher weiß man das, da noch niemand in dem Zimmer je hat schlafen wollen? Was ist denn Großes dabei? Es hat eine famose Aussicht. Gute Nacht, meine Damen."

Eine Viertelstunde darauf liegt Bill im Pyjama auf dem Bett im berüchtigten Zimmer. Immerhin hat er seinen Revolver auf den Nachttisch gelegt. Immerhin hat er das Licht über dem Kopfende brennen lassen.

Beim Einschlafen bemerkt er plötzlich fünf kleine schwarze Finger, die sich langsam am Fußende des Bettes bewegen ...

Bill reißt die Augen auf, schließt sie, öffnet sie wieder ...

Die fünf kleinen schwarzen Finger sind noch im-

mer da ... Und jetzt, plötzlich, sind es zehn geworden! Bill stützt sich ein wenig auf.
„Lassen Sie diese blöden Scherze", sagt er. „Zeigen Sie Ihr Gesicht, oder ich schieße!"
Und greift, kalt und bewußt, nach seinem Revolver. Die kleinen Hände bewegen sich fast flehend, aber kein Gesicht kommt zum Vorschein.
„Ich werde nicht wiederholen", ruft Bill. „Bei drei schieße ich." Und er beginnt sorgfältig zu zielen.
Die kleinen Hände bleiben starr, rühren sich nicht.
„Stehn Sie auf, oder ich schieße!" schreit Bill.
Die zehn Finger kommen ein wenig ins Zittern ...
„Eins!" ruft Bill ... „Zwei! Drei!" Und drückt ab.
Seitdem hinkt Bill auf dem linken Fuß.

---

27. Warum wirkt die Ehrsucht eines Wichtigtuers lächerlich?

    Weil er geehrt sein will, ohne Großes geleistet zu haben.

Eins zu null

Der englische Schriftsteller Bernard Shaw wurde von einem eingebildeten jungen Edelmann gefragt: „Stimmt das, Mr. Shaw, daß Ihr Vater ein Schneider war?"
„Ja, das stimmt."
„Dann verstehe ich eines nicht", sagte der Lord.

„Wieso sind *Sie* nicht auch Schneider geworden?"
Shaw lächelte. Er schaute ihn von oben bis unten an und fragte: „Sagen Sie mir, junger Mann, stimmt das, daß Ihr Vater ein Gentleman war?"
„Ohne Zweifel."
„Dann verstehe ich eines nicht", meinte Shaw. „Wieso sind *Sie* nicht auch ein Gentleman geworden?"

---

28. Ist der tapfer, der sein Leben riskiert, bloß um anzugeben?

    Nein, der Tapfere riskiert sein Leben nur für etwas Höheres.

Eine tollkühne Wette

Eines Tages kamen Studenten in Ohio, USA, auf ein neues Gesellschaftsspiel. Ein Student und eine Studentin setzten sich auf zwei Eisenbahnschienen einander gegenüber und harrten hier aus, bis einer der rasenden Fernzüge heranbrauste. Wer länger als der andere sitzen blieb und den Zug näher an sich herankommen ließ, war Sieger.

Ein solches „Schienenhocken", wie das gefährliche Spiel hieß, brachte zwei jungen Menschen um ein Haar den Tod. Als eine Gruppe von ihnen auf dem Nachhauseweg von einem Tanzfest war, wo auch getrunken worden war, forderte Lilian Ramsay, die durch ihre Schönheit und ihr stolzes Wesen die heimliche Königin des Festes gewesen war, ihren Verehrer auf, sich mit ihr auf die Schienen zu begeben. Konnte er nein sagen und sich damit dem Ruf aussetzen, weniger mutig zu sein als sie? Also ging er darauf ein, und schon wenige Minuten, nachdem sie sich auf dem gefährlichen Gleis niedergelassen hatten, hörten sie den heranbrausenden Nachtschnellzug. „Es war mir klar", so berichtete der junge Mann über den weiteren Verlauf des Abenteuers, „daß Lilian sich eher vom Zug zermalmen lassen würde, als daß sie vor mir aufgab. Um sie zu retten, mußte ich verlieren. Ich sprang also von den Schwellen und riß sie auf meinem Sprung mit."

Aber es war zu spät. Zwar kam er mit einem zerrissenen Rock davon, Lilian aber wurde von der Lokomotive gestreift. Sie mußte ihre Herausforderung mit einem gebrochenen Schulterblatt und einigen verbogenen Rippen bezahlen, und im Sturz zerriss sie sich ihr Gesicht so sehr, daß die Narben der zusammengeflickten Wunden nicht nur ihre Schönheit zerstörten, sondern wie Male waren, durch die sie für immer gezeichnet war.

29. Was bedeutet, sein Leben „für etwas Höheres"
zu riskieren?

Es bedeutet, sein Leben etwa für die Rettung anderer einzusetzen.

Einer für tausend

Die Motoren der Autokolonne brummen auf der starken Steigung. In der klaren Morgenluft ist die Berglandschaft bezaubernd.
„Herr Feldwebel", fragt der junge Soldat, „haben Sie auch Angst gehabt, als Sie zum erstenmal dem Feind ausgeliefert waren?"
Schiermer, der Feldwebel, muß darüber lachen: „Meinst du, ich habe *heute* keine Angst? Ich bin auch nur ein Mensch, genauso wie du. Wenn irgendwo Gefahr ist, habe ich auch Angst. Nur lernt man mit der Zeit, weniger daran zu denken."
Blondeau, der zum erstenmal im Einsatz steht, scheint diese Antwort zu beruhigen. „Ich dachte, ich bin ein Feigling", gibt er zu, „weil ich seit unserer Abfahrt furchtbare Angst habe."
Feldwebel Schiermer gilt als einer der besten Kraftfahrer der französischen Truppen in Vietnam. An diesem 5. Juni 1948 fährt er das vierte Fahrzeug einer aus insgesamt 100 Fahrzeugen bestehenden Autokolonne. Sein großer Lastwagen wird scherzhaft „der Schmerzfreie" genannt, denn beim ersten Schuß des Feindes fliegt er in die Luft. Er ist nämlich mit Munition und Sprengstoff voll beladen.

Heute hat die Autokolonne schon drei Engpässe hinter sich; drei goldene Gelegenheiten, die die im Dschungel versteckten Feinde verpaßt haben. Es bleibt die vierte und letzte gefährliche Stelle: der höchste Bergpaß vor der Abfahrt ins Tal. Rechts steigt ein Bergwald empor. Auf der linken Seite der engen, einspurigen Straße geht es 50 Meter tief in den Abgrund.

Die ersten drei gepanzerten Fahrzeuge sind schon talabwärts verschwunden, als die ersten Schüsse fallen. Ziel der feindlichen Gewehre ist der Motor des vierten Fahrzeugs. Der Zweck ist klar: der zerstörte Lastwagen soll die enge Straße versperren. Dann könnte das Massaker losgehen: die ganze Autokolonne wäre hinter diesem Riegel gefangen und dem versteckten Feind hilflos ausgeliefert.

Diesen Zweck des feindlichen Angriffs hat Schiermer gleich erkannt. In kürzester Zeit fängt sein Motor Feuer, und ein Vorderrad hat einen Platten. Der Lastwagen will die Straße in Richtung Berg verlassen. Mit aller Kraft zwingt Schiermer das große Steuerrad nach links. Dann schreit er seinem jungen Begleiter zu: „Spring heraus, sofort!" Der junge Soldat ahnt, was der Feldwebel vorhat, und ruft: „Nein, nein, das nicht!" Der Feldwebel wird wütend: „Raus!" Blondeau macht die Tür auf und springt; an einer steinernen Mauer findet er Deckung. Schiermer reißt das schwere Steuerrad mit letzter Kraft nach links; der Lastwagen verschwindet über dem Straßenrand und stürzt in den Abgrund. Eine furchtbare Explosion erschüttert das Bergtal.

Der Engpaß ist jetzt frei. Blondeau kann beim nächsten Fahrzeug aufspringen, und die ganze Kolonne gibt Gas. Sie können dem verblüfften Feind entkommen.

Die Explosion war so gewaltig, daß man von Feldwebel Schiermer nichts mehr finden konnte. Durch seine mutige Entscheidung hat er das Leben von tausend Kameraden gerettet.

---

30. Worin gipfelt die Tapferkeit?

In der freiwilligen Hingabe des Lebens für seinen Glauben.

Er folgte seinem Gewissen

Iwan Moissejew war ein Soldat der Roten Armee. Er starb im Juli 1972, wie die offizielle Meldung hieß, durch Ertrinken. Man wollte mit allen Mitteln verhindern, daß die Eltern ihren toten Sohn nochmals sehen konnten vor der Beerdigung. Doch die Eltern setzten sich durch, der Sarg wurde geöffnet. Die Anwesenden waren erschrocken. Es wurde gleich offenbar, daß der Junge nicht ertrunken, sondern an Schlägen und grausamen Mißhandlungen gestorben war.

Was war passiert?

Die letzten Mitteilungen Iwans an seine Eltern sind besonders aufschlußreich. Am 14. Juli 1972 schreibt er: „Die Grußbotschaften eures Sohnes werden bald aufhören. Sie haben mir verboten, über Jesus Christus zu sprechen."

Ein anderes Mal berichtet er: „Fünf Tage lang gaben sie mir nichts zu essen. Dann fragten sie: ‚Nun, hast du deine Ansichten geändert?'"

Im letzten Brief vor seinem Tod lesen wir: „Vor mir steht ein christlicher Kampf, und ich kämpfe ihn auf Befehl Jesu. Ich muß zeigen, wie ein gläubiger Mensch sein und leben soll. Wohin der Weg mich danach führt, das weiß ich nicht."

Wir aber wissen es: Sein Weg führte diesen jungen Soldaten ins Martyrium.

Die Mäßigkeit

Die Mäßigkeit ist die vierte und letzte Kardinaltugend.
Wenn wir diese vier wichtigsten menschlichen Tugenden mit einem *Flugzeug* vergleichen, so ist die Gerechtigkeit der Motor, die treibende Kraft. Doch Kraft allein genügt nicht, es braucht auch Führung: die Klugheit ist der Pilot. Tapferkeit und Mäßigkeit sind die zwei tragenden Flügel, ohne sie stürzt das Flugzeug ab. Wer nicht tapfer und mäßig ist, der wird bald ungerecht.

---

31. Warum ist der ein Mann, der sich beherrschen kann?

    Weil er Herr bleibt über seine maßlosen und zerstörerischen Impulse.

Der Unfall

Es war Ende Juli 1984, in der Nacht von Freitag auf Samstag. In der Disco war richtige Stimmung. Trotzdem sagte Birgit um 1 Uhr 30: „Ich muß jetzt nach Hause. Wer fährt uns heim?" An diesem Samstag war nämlich die Hochzeit ihres Bruders.
Gerhard, der zwar nicht mehr ganz nüchtern war, erklärte sich bereit, Birgit und ihre Freundin Gabi

nach Hause zu fahren. Sie hatten nicht weit. Von Oberfelden bis Niederwald sind es nur fünf Kilometer. Der neunzehnjährige Gerhard freute sich, den Mädchen zu zeigen, was er konnte. Mit 160 Stundenkilometer raste er die gefährliche Oberfelder Steige herab. In der leichten Linkskurve kam er auf der nassen Straße ins Schleudern und verlor die Kontrolle über den Wagen. Das Auto kam von der Straße ab, schlug seitwärts auf einen Baumstamm und landete mitten im Dickicht. Nach etwa einer Stunde konnte Gabi die hintere Wagentür aufmachen und herauskriechen. Sie lief in Richtung Niederwald, bis sie ein Auto mitnahm. Das Mädel stand so unter Schock, daß der Autofahrer, der sie mitgenommen hatte, die Polizei verständigen mußte.

Als die Polizei erfuhr, daß noch zwei Menschen im Wagen eingeklemmt waren, rief sie den Schweißer von der Feuerwehr zu Hilfe. Um 4 Uhr früh waren sie an Ort und Stelle und fanden das zusammengequetschte Auto. Der Feuerwehrmann machte sich gleich an die Arbeit, die zwei jungen Leute zu befreien. Nach viel Mühe gelang es ihm, eine Öffnung in dem Metallknäuel zu schaffen. Der Schock war furchtbar, denn jetzt erst erkannte der Feuerwehrmann, daß der verletzte Junge sein eigener Sohn war.

Gerhard erholte sich bald wieder von seinen Verletzungen. Gabi mußte fünf Monate im Krankenhaus verbringen. Für Birgit kam die Hilfe zu spät. Sie starb, erst 17 Jahre alt, auf dem Weg ins Krankenhaus.

Die Hochzeit ihres Bruders fand doch an diesem Samstag statt ... Aber anders, als man es sich vorgestellt hatte.

32. Warum macht uns die Mäßigkeit zu freien Menschen?

Weil sie verhindert, daß die Genußsucht uns beherrscht.

Hans und Helga

Hans, einziger Sohn eines Werkmeisters, wuchs in einer Kleinstadt auf. Seit fast einem Jahr war er eng befreundet mit Rosemarie, Tochter eines Radiomechanikers am Ort. Die beiden jungen Leute glaubten, sich aufrichtig zu lieben, und als Hans den Einberufungsbefehl bekam, drängten beide auf Verlobung.
Die Mutter von Hans, die ihren einzigen Sohn abgöttisch liebte, war gegen diese frühe Bindung. Aber Hans setzte den Wunsch nach Verlobung wie jeden seiner früheren Wünsche bei seiner Mutter durch. Die Verlobung wurde also gefeiert. Hans und Rosemarie hatten beide das Gefühl, es geschafft zu haben.
Kurz darauf mußte Hans einrücken, und zwar zu einer Einheit, die 750 Kilometer entfernt stationiert war. In den ersten Wochen und Monaten war Hans voll damit beschäftigt, sich in die neuen Verhältnisse einzuleben. Rosemaries Briefe kamen regelmäßig, sie waren seine einzige Freude, und er schrieb eifrig zurück. Zu Weihnachten gab es ein Wiedersehen, und der Abschied fiel diesmal noch schwerer.

Doch zu seiner Überraschung stellte Hans fest, daß die Kaserne ihm inzwischen fast zu einer zweiten Heimat geworden war. Es war schön, die Kameraden wiederzusehen, alle hatten viel zu erzählen — natürlich auch von ihren Erfolgen bei Mädchen. Hans hörte beeindruckt die Prahlereien der anderen mit an. Eine natürliche Scheu hinderte ihn daran, über Rosemarie zu sprechen, und die Kameraden neckten ihn mit seiner Zurückhaltung. Um ihnen zu beweisen, daß er ein „richtiger Kerl" war, ging er am nächsten freien Abend in das kleine Tanzlokal am Ort, wo sich Soldaten und Mädchen ein Stelldichein zu geben pflegten. Er trank einiges, tanzte viel — was war schon dabei? —, und nachher hatte er das Gefühl, daß es noch andere hübsche Mädchen gäbe außer Rosemarie.

Unter den Mädchen, die er auf dem Tanzboden kennengelernt hatte, war auch die sechzehnjährige Helga, die sich Hals über Kopf in den jungen Soldaten verliebt hatte. Es kam ganz von selber, daß Hans sich ihr mehr und mehr widmete, und Helga war glücklich darüber. Sie ahnte nicht, daß Hans verlobt war, glaubte an seine Liebe — obwohl er dieses Wort ihr gegenüber nie ausgesprochen hatte. Aber für die unerfahrene Helga waren seine Zärtlichkeiten und Küsse Beweis genug.

Rosemaries Briefe erweckten in Hans jetzt keine Freude mehr, sondern sie riefen nur noch sein schlechtes Gewissen wach. Aber er redete sich ein, daß das, was er tat, das Recht eines jeden Mannes wäre — das Benehmen und Gerede seiner Kameraden bestätigten ihn in dieser Auffassung.

Helga gegenüber war er launisch, tyrannisch, unduldsam, und sie liebte ihn deswegen nur noch mehr. Aber als er die völlige Hingabe von ihr verlangte, schrak sie zurück. Hans ließ sie stehen.

Helga ahnte nicht, daß Hans dieser Anlaß zum Bruch nur willkommen gewesen war. Sie war todunglücklich, wußte nicht, wie sie sich weiter verhalten sollte, denn sie konnte sich ein Leben ohne Hans gar nicht mehr vorstellen.

Hans aber schrieb in dieser Nacht zum erstenmal seit langer Zeit wieder einen wirklich aufrichtigen Liebesbrief an seine Verlobte, ihm war ein Stein vom Herzen gefallen, weil er endlich die ungute Situation beendet hatte.

Erst nach Wochen ließ er sich wieder von seinen Kameraden überreden, mit ihnen in das Tanzlokal zu gehen. Helga, die jetzt zu allem bereit war, suchte ihn zu versöhnen. Aber er sagte ihr brutal, daß er sie nie geliebt hätte und daß sie zum Teufel gehen sollte.

Helga aber glaubte, daß sie ihn nur deshalb verloren hatte, weil sie ihm die letzte Hingabe nicht gewähren konnte. Einem Kameraden von Hans, der die Entwicklung der Dinge beobachtet hatte, machte sie es sehr leicht. Sie begriff gar nichts mehr, als auch er sie stehenließ. Schließlich gelangte sie zu der Überzeugung, daß „die Männer eben so sind", zwang sich dazu, die Liebe nicht mehr tragisch zu nehmen, wurde ein haltloses Mädchen, das unter den Soldaten der Kaserne von Hand zu Hand ging.

Dazu ein Wort von David Wilkerson:
„Sexualität ist etwas so Großes, daß Gott sie in den Schutz der Ehe stellt. Außerhalb der Ehe ist Sexualität unrecht. So einfach ist das. Auf diese Weise schützt Gott die Familie, das Heim und das Land. Kein zärtliches Gefühl des Verliebtseins kann daran etwas ändern, genausowenig wie ein Sprung vom Eiffelturm am Gesetz der Schwerkraft etwas ändert."

---

33. Was sagt die Mäßigkeit in bezug aufs Essen?

    Man soll essen, um zu leben, und nicht umgekehrt.

Die Diagnose des Wasserdoktors

Der Millionär Baron Rothschild besuchte einmal den „Wasserdoktor" Pfarrer Kneipp. Rothschild sank in den Sessel und fing wehleidig an: „Ach, mir ist so schlecht, Herr Pfarrer. Gleich in der Früh wache ich schon auf mit Kopfweh, vormittags wird mir schwindlig, nach dem Essen bin ich so abgeschafft."
„Sagen Sie mir", unterbrach ihn Kneipp, „was haben Sie denn heut mittag gegessen?"
„Heute mittag? Ach, nichts Besonderes. Erst gefüllte Pasteten als Vorspeise, dann Omelettsuppe, Pariserschnitzel mit Ananas, Hirschbraten mit Rotwein-

sauce ... Aber sagen Sie mir, Herr Pfarrer, was fehlt mir denn?"
„Das kann ich Ihnen schon sagen. Ihnen fehlt nur ... ein zweiter Magen!"

---

34. Warum soll man den ersten Schritt zu schlechten Gewohnheiten vermeiden?

    Weil sie sonst, wie Lawinen, nicht mehr zu bremsen sind.

Einmal ist keinmal

In Frankreich soll es sechs Millionen Alkoholiker geben. Hören wir, wie einer dieser Alkoholiker, der verstorbene Priester-Sänger Lucien Duval, die Hölle des Alkoholismus beschreibt:
Der Alkohol war mehr als ein körperlicher Zwang, er war auch ein seelischer Zwang.
Zwei Monate lang — nach meiner ersten Entziehungskur — bin ich ohne Alkohol geblieben. Dann wurde ich zur Hochzeit meines Neffen eingeladen. Am Abend wurde getanzt. Alle waren vergnügt und gelöst. Mein Neffe kam zu mir und sagte: „Onkel, trinkst du ein Glas Champagner mit uns?"
In meinem Kopf ein kurzes Ringen: ein Glas, nur ein Glas. Einmal ist doch keinmal. „Ich muß mich auf die Stimmung hier einstellen", sagte ich mir, „ich darf mich nicht absondern." Der innere Kampf

dauerte ein paar Sekunden, und ich sagte: „Gern!"
Am nächsten Mittag trank ich zwei Gläser Rotwein und am Abend vier.
Und alles fing unerbittlich von vorne an: die Verzweiflung, die Selbstverachtung, die Scham — ich wurde wie in einem Räderwerk mitgerissen.
Ich ekelte mich vor mir selbst. Ich hatte nicht mehr die Ausrede der Unwissenheit. Ich wußte, daß ich nicht mehr aufhören konnte. Die Freiheit, vom Alkohol loszukommen, war zerronnen. Das Ende konnte nur der Tod sein.

Duval hatte alle Hoffnung auf die Menschen aufgegeben. Doch hoffte er noch auf Christus. Und diese Hoffnung wurde nicht enttäuscht. Er kam wieder los vom Alkohol.

---

35. Warum benützen wir zweierlei Maß für uns und für andere?

    Weil die Eigenliebe uns selbst bevorzugt und auch entschuldigt.

Schuld sind die anderen

Einmal ging eine Bäuerin auf den Markt. Sie wollte dort ihre Butter verkaufen und Reis einkaufen.
Bald fand sie einen Reishändler, und die Sache ging flott. Doch nach etwa einer Stunde kam sie ganz

empört zum Reishändler zurück: „Sie, hören Sie mal! Ihr Kilo Reis wiegt 50 Gramm zuwenig."
„Ist das möglich?" staunte der Händler. „Ich habe den Reis gewogen mit dem Kilo Butter, das Sie mir gebracht haben!"

---

36. Worüber soll man sich am Abend vor allem prüfen?

    Über Maßhalten im Reden: Habe ich anderen Böses nachgesagt?

Drei Siebe

Eines Tages kam einer zu Sokrates und war voller Aufregung. „He, Sokrates, hast du das gehört, was dein Freund getan hat? Das muß ich dir gleich erzählen."
„Moment mal", unterbrach ihn der Weise. „Hast du das, was du mir sagen willst, durch die drei Siebe gesiebt?"
„Drei Siebe?" fragte der andere voller Verwunderung.
„Ja, mein Lieber, drei Siebe. Laß sehen, ob das, was du mir zu sagen hast, durch die drei Siebe hindurchgeht. Das erste Sieb ist die *Wahrheit*. Hast du alles, was du mir erzählen willst, geprüft, ob es wahr ist?"
„Nein, ich hörte es erzählen und ..."
„So, so! Aber sicher hast du es mit dem zweiten Sieb

geprüft. Es ist das Sieb der *Güte*. Ist das, was du mir erzählen willst — wenn es schon nicht als wahr erwiesen ist —, so doch wenigstens gut?"
Zögernd sagte der andere: „Nein, das nicht, im Gegenteil ..."
„Aha!" unterbrach Sokrates. „So laß uns auch das dritte Sieb noch anwenden und laß uns fragen, ob es *notwendig* ist, mir das zu erzählen, was dich so erregt!"
„Notwendig nun gerade nicht ..."
„Also", lächelte der Weise, „wenn das, was du mir da erzählen willst, weder wahr noch gut, noch notwendig ist, so laß es begraben sein und belaste dich und mich nicht damit!"

---

37. Warum ist eine schmutzfreie Atmosphäre für den *ganzen* Menschen wichtig?

    Weil Giftstoff dem Körper schadet und Pornographie der Seele.

Der Pudding

Nicky Cruz, der ehemalige Gangster von New York, erzählt:
Eine Familie bekam Schwierigkeiten mit der zehnjährigen Tochter Mary-Ann, weil sie einen bestimmten Film sehen wollte. „Alle gehen hin, nur ich darf nicht", sagte sie zur Mutter. „Warum eigentlich?"

Die Mutter rührte gerade einen Pudding. „Mary-Ann", sagte sie nur, „wo sind die faulen Eier, die ich heute früh im obersten Regal entdeckt habe?"
„Sie sind im Abfalleimer. Warum?"
„Bring sie bitte her."
„Was willst du damit machen?"
„Ich tu' sie in den Pudding."
„Die faulen Eier? Die werden den schönen Pudding verderben."
„Ach", meinte die Mutter, „wenn der Pudding verdorben wird, kann ich ihn immer noch wegwerfen. Aber wenn du deinen Kopf mit Abfällen vollstopfst — und dieser Film gehört dazu —, kann ich deinen Kopf nicht einfach wegwerfen."

Nicky Cruz fügt hinzu:
Wir müssen einer Tatsache ins Gesicht sehen: Pornographische Zeitschriften, Filme und Vorführungen stellen heute eines der gewinnbringendsten Geschäfte in der Welt dar.

38. Warum ist Mäßigkeit so wichtig für die Verantwortlichen des Volkes?

Weil sie verlockende Angebote bekommen, und „Gelegenheit macht Sünde".

„Der Tiger"

Der französische Regierungschef Clemenceau war sehr streng und gewissenhaft. Daher wurde er auch „der Tiger" genannt.
Eines Tages wurde er von einem frechen Journalisten gefragt: „Warum sind Sie beim Volk so unbeliebt?"
Die Antwort lautete: „Weil ich ihm die Wahrheit sage. Die Zeiten sind schlechter, die Leute müssen mit weniger zufrieden sein."
„Warum sind Sie auch bei den Großen, bei den Politikern, unbeliebt?" will der Journalist weiter wissen.
„Weil ich unbestechlich bin. Ich nehme kein Geld an von Leuten, die einen guten Posten suchen."
„Sind Sie also der einzige ehrliche Politiker in Frankreich?"
„Nein, nein! Sie sind alle ehrlich — solange sie nicht in Versuchung kommen."

39. Warum sollte man gelegentlich über sich und seine Aufgabe lachen?

Weil man nicht so wichtig ist, wie man sich nimmt.

Scheintot

Der Bremer Arzt Thulesius hatte wirklich Humor. Eine ängstliche Patientin fragte ihn einmal: „Herr Doktor, kann es heute noch vorkommen, daß man scheintot begraben wird?"
„Ausgeschlossen!" erwiderte Thulesius bestimmt. „Wer von einem modernen Arzt behandelt wird, der ist tot!"

40. Warum ist der Hochmut so gefährlich?

Weil er die Wirklichkeit nicht sehen will.

Hochmut kommt vor dem Fall

A. J. Cronin erzählt aus seinem Leben als junger Arzt in Schottland:
Anfang Mai brach in der Gegend Scharlach aus, und zwar in einer bösen Form. Hauptsächlich erkrankten die Kinder des Dorfes, und die Epidemie wollte nicht auf die übliche Weise abklingen. Als die Tage vergingen und trotz allen unseren Bemühun-

gen ein Fall dem anderen folgte, verlor ich die Geduld und sagte mir, ich müsse Hand an die Wurzel legen. Durch irgendeine besondere Ursache wurde die Krankheit entschieden verbreitet, und ich schwor mir, sie zu finden.

Alle Fälle, die ich behandelte, hatten etwas gemeinsam, und zwar, daß sie ihre Milch beim Farmer Shawhead holten. Ich hatte natürlich keinen Beweis, nur einen Verdacht; aber das genügte, um mich zum Eingreifen zu bestimmen. Als ich am Vormittag des folgenden Dienstags bei Shawhead vorbeikam, machte ich auf dem Hof einen Besuch.

Es war ein hübscher Hof, mit weißgestrichenen Gebäuden, an denen schon Kletterrosen zu blühen begannen. So weit das Auge schaute, war alles nett und sauber, auf dem Hof herrschte Ordnung, die Nebengebäude sahen solid aus und die umliegenden Felder gut gepflegt. Kein Wunder, daß Shawhead darauf stolz war. Er war ein schwerer, rauher Mann von etwa 50 Jahren. Sein ganzes Leben kreiste um zwei Interessen: sein Gut, das er von seinen Vätern geerbt hatte, und seine junge Frau Jean, die er kürzlich geheiratet hatte und die er trotz seiner Härte einfach vergötterte.

Als ich an die hellgrün gestrichene Haustür klopfte, machte Jean mir persönlich auf, und auf meine Frage schüttelte sie lächelnd den Kopf.

„Nein", antwortete sie, „mein Mann ist nicht da. Er ist mit ein paar Kälbern zum Markt gegangen. Er kommt erst heute nachmittag zurück."

Sie war wirklich eine hübsche junge Frau. Nicht mehr als 23 Jahre alt, hatte sie etwas Unschuldiges und zugleich etwas Munteres.

„Shawhead ist also nicht da", bemerkte ich, um Zeit zu gewinnen.

„Nein", gab sie zurück, „aber er wird nach vier heimkehren. Wollen Sie hereinkommen, oder kann ich ihm etwas ausrichten?"

Ich zögerte. „Ja, wissen Sie, Mrs. Shawhead, ich komme wegen einer etwas peinlichen Angelegenheit. Diese Scharlachepidemie ... sie verbreitet sich, verstehen Sie, und ich habe bei all meinen Patienten festgestellt ... nun, um es kurz zu machen — die Milch ist in allen Fällen von Shawhead bezogen worden. Ich möchte ganz offen mit Ihnen sein. Ich wollte fragen, ob ich einmal nachschauen darf ... ob sich die Ursache vielleicht zufällig hier findet."

Obwohl ich freundlich gesprochen hatte, veränderte sich ihre Miene. Ihr Gesicht bewölkte sich, sie warf den Kopf zurück. „Der Scharlach!" rief sie entrüstet. „Ihn in einem Atemzug mit unserer guten Milch zu nennen! Wirklich, Herr Doktor, wenn Sie deshalb gekommen sind, sollten Sie lieber mit meinem Mann sprechen." Und ohne ein weiteres Wort schlug sie mir die Tür vor der Nase zu.

Am gleichen Nachmittag fuhr ich wieder zum Shawhead-Hof und klopfte nochmals an die hellgrüne Tür. Doch es kam keine Antwort. So ging ich über den Hof, an der Scheune vorbei, um Shawhead zu finden.

Als ich beim Kuhstall anlangte, trieb der Knecht gerade die Kühe hinein, um sie zu melken. Ich lehnte mich an die Tür und sah zu, wie die schönen, glatten Tiere leise schnaufend ruhig ihren Platz im Stall einnahmen. Dann sah ich zu, wie der Knecht David den dreibeinigen Schemel ergriff, sich nahe zu der ersten Kuh setzte, die Wange an ihre gewölbte Flanke legte und zu melken anfing.

Meine Augen ruhten wie gebannt auf David, denn David sah blaß und elend aus, und um den Hals hatte er einen roten Flanellfetzen gewickelt.

Vorsichtig trat ich vor und begrüßte David.

„Sie sind's, Herr Doktor!" sagte er. „Ich hatte keine Ahnung, daß Sie hier sind. Wollen Sie ein Glas Milch?"

Ohne Lächeln schüttelte ich den Kopf. „Ich möchte heute keine Milch, David." Dann deutete ich beiläufig auf den roten Flanell: „Was ist mit Ihrem Hals?" David hielt im Melken inne und lachte verlegen:

„Ach, nichts weiter, gar nichts. Ich hatte vorige Woche Halsschmerzen, und seitdem bin ich etwas matt. Aber es ist nichts — gar nichts."

Mein Blick wurde noch eindringlicher. „Halsschmerzen!" wiederholte ich.

Da sah ich auf einmal Davids Hände und erschrak. Ich brauchte nicht weiterzusuchen. Die Antwort gaben Davids Hände, die so eifrig beschäftigt waren, die Kuh zu melken; denn an beiden Händen schälte sich die Haut. Da war ich sicher, daß er die Milch verseucht hatte.

Plötzlich unterbrach eine laute Stimme die Stille im Kuhstall.

„So, Sie sind also hier? Spionieren herum und mischen sich in die Angelegenheiten anderer Leute?"

Shawhead persönlich war erschienen, dunkelrot vor Wut. Hinter ihm stand seine Frau, die mich vorwurfsvoll ansah. Es war ein peinlicher Augenblick; doch jetzt konnte ich die Aussprache nicht vermeiden.

„Entschuldigen Sie, Shawhead, ich bin nicht freiwillig hier, sondern aus reiner Notwendigkeit." Ich wies auf den Knecht. „David hat Scharlach gehabt, wahrscheinlich nur einen leichten Anfall, aber das genügte, um viel Unheil anzurichten." Ich mäßigte meine Worte nach bestem Können. „Es scheint, daß Sie Ihre Molkerei ein bis zwei Wochen schließen müssen."

„Was!" schrie Shawhead halb erstaunt, halb entrüstet. „Die Molkerei schließen! Stimmt's bei Ihnen nicht im Kopf?"

„Seien Sie vernünftig", flehte ich. „Sie haben ja keine Schuld. Aber die Tatsache bleibt, daß die Infektion von hier kommt."

„Die Infektion! Wie können Sie es wagen, Mann! Wir sind hier alle ganz sauber!"

„Ja, aber David ..."

„David ist ebenso sauber wie wir übrigen", schrie Shawhead. „Er hat ein bißchen Halsweh gehabt und sonst nichts. Jetzt geht es ihm besser. Besser, hören Sie! Es ist reiner Wahnsinn, zu behaupten, wir müßten deshalb schließen."

„Ich sage Ihnen", beharrte ich mit aller Geduld, die

ich aufzubringen vermochte, „er hat Scharlach gehabt. Er schält sich ja am ganzen Körper. Dadurch wird Ihre Milch verseucht."
Die Adern an Shawheads Schläfen standen hervor. Er konnte sich nicht zurückhalten. „Genug! Ich will nichts mehr von Ihnen hören. Allein der Gedanke! Meine schöne Milch verseucht! Es ist reine, gute Milch, ist es immer gewesen. Wissen Sie nicht, daß wir sie selbst trinken?" In tiefer Entrüstung ergriff er den Schöpfer und tauchte ihn in die Milch. Trotzig hob er den überschäumenden Schöpfer, trank ihn zur Hälfte leer und gab den Rest dann Jean. „Da!" Er warf den leren Schöpfer hin. „Das wird es Ihnen zeigen. Und wenn Sie noch ein Wort reden, wird es Sie reuen."
Es gab eine Pause. Ich verstand den verwundeten Stolz des Bauern. Aber ich hatte meine Pflicht zu tun. Schweigend ging ich.
Ich bat das Gesundheitsamt, die Sache zu überprüfen. Aber der zuständige Arzt hatte es nicht eilig; er wollte keine Schwierigkeiten mit dem reichen Shawhead bekommen.
Einige Tage danach saß ich trübsinnig im Sprechzimmer, als mein Kollege Dr. Cameron mit seltsamem Gesichtsausdruck hereinkam.
„Haben Sie's schon gehört?" Er sprach mit leiser, zurückhaltender Stimme. „Es hat sie erwischt. Akuter Scharlach. Shawheads Frau Jean selber."
Ein Augenblick des Staunens. Blitzartig erinnerte ich mich der trotzigen Gebärde, mit der Shawhead den Milchschöpfer an Jean weitergereicht hatte.

„Es heißt, daß Shawhead ganz außer sich ist vor Angst und Sorge", sagte Dr. Cameron noch.
Bald stellte sich heraus, daß Jean Shawhead schwer krank war. Ihre Temperatur stieg schnell, und sie lag im Delirium. Am Sonntag hieß es, sie liege im Sterben. Gegen Abend kam Janet, unsere Haushälterin, ins Wohnzimmer. Ihre Stimme war düster, als sie sagte: „Jetzt ist alles vorüber. Sie ist gestorben."
Sechs Wochen später traf ich Shawhead zum erstenmal seit unserer Begegnung im Kuhstall. Der Bauer, gealtert und gebrochen durch seinen Verlust, kehrte vom Friedhof zurück, der am Berghang hinter der Dorfkirche lag. Verlegen blieb ich mitten auf dem Weg stehen, und fast mechanisch blieb auch Shawhead stehen. Unsere Augen trafen sich, und jeder las im Gesicht des anderen das Wissen, was hätte sein können, das entsetzliche Wissen, daß seine Frau jetzt munter und lebendig an seiner Seite hätte sein können, nicht kalt in ihrem engen Grab.
Ein Stöhnen entrang sich Shawheads blaßen Lippen, langsam streckte er seine Hand aus, die meine Rechte in einem langen und gequälten Griff faßte.

CHRISTSEIN

Als ich 18 war

Mit 18 Jahren war ich beim Militärdienst. Ich wurde nach Paris einberufen. Zum erstenmal in meinem Leben wohnte ich unter Menschen, die gar keinen Glauben hatten. Unter 30 Soldaten auf unserem Zimmer war ich der einzige, der am Sonntag zur Kirche ging.
In dieser Situation begann ich zu zweifeln. Denn meine Kameraden waren im Grunde aufrichtig und sympathisch. Und doch kümmerten sie sich weder um Kirche noch um Religion. Also konnte man auch ohne Glauben auskommen. Und übrigens, warum sollte gerade ich allein recht haben und alle anderen im Irrtum sein?
So wurde ich im Herzen allmählich ungläubig. Es wurde dunkel in mir.
In dieser Finsternis gab mir Gott ein Licht. Ich hatte eine Tante, die ich sehr schätzte. Tante Teresa. Sie war Krankenschwester und die Güte selbst. Sie hatte nicht geheiratet und war ihr Leben lang die stille Helferin in aller seelischen und körperlichen Not für unzählige Menschen gewesen.
Einen Soldaten-Urlaub nutzte ich aus, um Tante Teresa aufzusuchen. Sie wohnte in einem größeren Dorf in der Nähe von Paris.
Nachmittags ging ich allein spazieren und saß eine Zeitlang auf einem Brückengeländer über einem schönen Fluß. Da kam ein älterer Landstreicher vorbei und machte bei mir Rast. Wir kamen ins Ge-

spräch. Auf einmal zeigte er auf das Haus meiner Tante: „Siehst du das kleine Häuschen da drüben", sagte er voller Begeisterung, „da wohnt die beste Frau in der ganzen Umgebung. Sie hat selbst kaum was, und doch tut sie alles, um unsereinem zu helfen."

In diesem Augenblick ist mir klargeworden: Meine Tante ist der weitaus beste Mensch, den ich kenne, und — sie ist ein tiefgläubiger Christ. Mußte nicht ein Glaube, der eine solche Liebeskraft schenkt, wahr sein? So fand ich den Weg zum Glauben wieder. P. L.

Unser Glaube

Ich glaube an Gott,
den Vater, den Allmächtigen,
den Schöpfer des Himmels und der Erde,
und an Jesus Christus,
seinen eingeborenen Sohn, unsern Herrn,
empfangen durch den Heiligen Geist,
geboren von der Jungfrau Maria,
gelitten unter Pontius Pilatus,
gekreuzigt, gestorben und begraben,
hinabgestiegen in das Reich des Todes,
am dritten Tage auferstanden von den Toten,
aufgefahren in den Himmel;
er sitzt zur Rechten Gottes, des allmächtigen Vaters;
von dort wird er kommen,
zu richten die Lebenden und die Toten.
Ich glaube an den Heiligen Geist,
die heilige katholische Kirche,
Gemeinschaft der Heiligen,
Vergebung der Sünden,
Auferstehung der Toten
und das ewige Leben. Amen.

                    Das Apostolische Glaubensbekenntnis

41. Was sagt die Bibel über das Geheimnis Gottes?

Gott ist Liebe: Vater, Sohn und Heiliger Geist sind eins.

Warum läßt Gott das zu?

Ein amerikanischer Facharbeiter, Max Ellerbusch, erzählt aus seinem Leben:
Es war an einem hektischen Freitag, sechs Tage vor Weihnachten, im Jahre 1958. Ich befand mich in meiner Elektrowerkstatt und arbeitete fieberhaft, um die Festtage in Ruhe mit meiner Familie verbringen zu können. Plötzlich klingelte das Telefon, und eine Stimme am anderen Ende teilte mir mit, daß unser fünfjähriger Sohn Craig von einem Auto überfahren worden sei.
Um ihn herum stand eine Menge Menschen, aber als ich auftauchte, wichen sie zurück. Craig lag mitten auf der Straße, sein lockiges, blondes Haar wirkte nicht einmal zerzaust.
Noch am gleichen Nachmittag starb er im Kinderkrankenhaus.
An der Kreuzung bei der Schule war es passiert. Das Auto war so schnell gekommen, daß keiner es bemerkt hatte. Ein Schüler hatte noch geschrien, gewinkt und einen Sprung machen müssen, um sein eigenes Leben zu retten. Der Wagen hatte nicht einmal gebremst.
Meine Frau Grace und ich fuhren von der Klinik

durch die weihnachtlich beleuchteten Straßen nach Hause. Wir konnten es einfach nicht fassen, was geschehen war. Es dauerte bis zum Abend, als ich an dem unbenutzten Bett vorbeikam, bis mir die Wirklichkeit ins Bewußtsein drang. Plötzlich kamen mir die Tränen, nicht nur wegen des leeren Bettes, sondern wegen der Leere und Sinnlosigkeit des Lebens überhaupt.

Von unseren vier Kindern war es vor allem Craig, der uns mehr als die anderen half, mit den Sorgen unseres Lebens fertig zu werden. Als Baby lächelte er so fröhlich in die Welt, daß die Menschen oft an seinem Wagen stehenblieben. Wenn wir Besuche machten, war es bereits der dreijährige Craig, der unserer Gastgeberin sagte: „Sie haben ein wunderschönes Haus!" Bekam er etwas geschenkt, dann war er zu Tränen gerührt, und er gab es an das erste Kind weiter, das ihn darum beneidete.

Wenn solch ein Kind sterben muß — so dachte ich, als ich mich in der Nacht nach jenem verhängnisvollen Freitag im Bett von einer Seite auf die andere wälzte —, wenn solch ein Leben in einer Minute ausgelöscht werden kann, dann ist das Leben an sich bedeutungslos und der Glaube an Gott eine Selbsttäuschung. Am Morgen hatte meine Hoffnungslosigkeit und Hilflosigkeit eine Zielscheibe gefunden: ein blinder Haß auf den Menschen, der uns das angetan hatte, erwachte in mir! Die Polizei hatte ihn inzwischen in Tennessee verhaftet. George Williams hieß er und war erst 15 Jahre alt.

Die Polizei hatte in Erfahrung gebracht, daß er aus

einem zerrütteten Zuhause kam. Seine Mutter hatte eine Arbeit in Nachtschicht übernommen und schlief am Tage. An diesem Freitag hatte er die Schule geschwänzt, sich, während sie schlief, ihre Autoschlüssel genommen und war mit Vollgas die Straße hinuntergerast. Mein ganzer Zorn über ein blindes Schicksalswalten schien sich auf den Namen George Williams zu konzentrieren. Ich rief unseren Anwalt an und bat ihn, Williams schärfstens anzuklagen. „Versuchen Sie zu erreichen, daß er als Erwachsener behandelt wird. Die Jugendgerichte sind nicht streng genug!"

So sah meine Gemütsverfassung aus, als sich etwas ereignete, das mein Leben völlig veränderte. Ich kann es nicht erklären, ich kann es nur beschreiben. Spät in der Nacht von Samstag auf Sonntag lief ich im Vorraum unseres Schlafzimmers auf und ab, die Fäuste gegen die Schläfen gepreßt. Ich fühlte mich elend und schwindlig und müde — so entsetzlich müde. „O Gott", betete ich, „zeige mir, warum das geschehen mußte!"

Und genau in dem Augenblick, zwischen diesem und dem nächsten Schritt, wurde mein Leben verwandelt. In der inneren Helle dieses Augenblicks stand plötzlich die Gewißheit vor mir, daß dieses Leben nur ein einziges, einfaches Ziel hat. Es gleicht einem Schuljahr, und in dieser Klasse sollen wir die eine Lektion lernen: Liebe.

„O Craig", dachte ich laut, „kleiner Craig, in deinen fünf kurzen Jahren hast du viel gelernt. Wie schnell machtest du Fortschritte, wie schnell wurdest du in die nächste Klasse versetzt!"

Grace saß aufrecht im Bett, als ich die Tür zum Schlafzimmer öffnete. Sie las nicht, sie tat nichts. Sie sah einfach nur geradeaus, wie sie es seit Freitagnachmittag fast die ganze Zeit getan hatte.

Ich nahm ihre Hand und versuchte ihr zu sagen, daß die Welt nicht vom blinden Zufall beherrscht werde, daß das Leben einen Sinn habe, daß das Leiden auf dieser Erde nicht das Ende sei, sondern zu einem Glück führe, weit über unsere kühnsten Hoffnungen hinaus.

„Heute abend", so sagte ich ihr, „hat Craig uns nicht mehr nötig. Aber jemand anderer braucht uns: George Williams. Es ist doch Weihnachten. Vielleicht gibt es im Jugendgefängnis keine Weihnachtsgeschenke für ihn, wenn wir ihm nicht etwas hinschicken."

Grace hörte zu und starrte mich dabei still und unentwegt an. Plötzlich brach sie in Tränen aus.

„Ja", sagte sie, „das ist richtig. Es ist seit Craigs Tod das erste, was richtig ist."

Und es war recht so. George entpuppte sich als ein intelligenter, verwirrter und einsamer Junge, der einen Vater ebenso nötig hatte wie ich einen Sohn. Er bekam sein Weihnachtsgeschenk, und seine Mutter erhielt eine Schachtel mit Grace' guten Weihnachtsplätzchen. Wir beantragten seine Freilassung und erwirkten sie auch einige Tage später, und unser Heim wurde sein zweites Zuhause.

Nach der Schule arbeitet er jetzt mit mir in der

Werkstatt, trifft sich zu den Mahlzeiten mit uns am Küchentisch und ist Diane, Michaela und Ruth Carol ein guter großer Bruder.

---

42. Wer ist Jesus?

Er ist Gottes Sohn, der für uns Mensch geworden ist.

Einer von uns

Es war 1950 in Italien. Der alte Kardinal von Neapel wußte nicht mehr, was er denken sollte. Er hatte schon vieles erlebt, aber so etwas! Ein junger Priester sitzt vor ihm im Büro. Er bittet um die Erlaubnis, ein Vagabund werden zu dürfen! Er will auf der Straße leben mit den Gassenjungen von Neapel.
Der alte Mann kann so etwas nicht begreifen. Er weiß, wie die Lage in Neapel ist: 200 000 Arbeitslose. Und diese vielen Jungen, die auf der Straße herumlungern, weil ihre Eltern ohne Arbeit sind und sie nicht ernähren können. Sie leben vom Diebstahl, gelegentlich vom Rauschgifthandel und betteln. In irgendeinem Winkel schlafen sie. Sie sind wie wilde Katzen und scheuen sich vor der Polizei. Dieser junge Priester, Mario Borelli, will ihnen helfen, ihnen ein Dach, Brot und ein bißchen menschliche Wärme geben.
Das kann der Kardinal verstehen. Aber warum soll dieser Priester selbst ein Vagabund werden?

Mario weiß genau, warum: „Wenn ich *als Priester* zu diesen Jungen gehe, dann spucken sie mir ins Gesicht. Sie sind furchtbar mißtrauisch."
Der Kardinal denkt nach: „Geben Sie mir zehn Tage, um zu überlegen."
Nach zehn Tagen wird der Plan genehmigt.
Mario geht auf die Straße, eine alte Mütze schief auf dem Kopf, in zerlumpten Kleidern, den Zigarettenstummel im Mundwinkel. Er bettelt, sammelt Zigarettenstumpen und wird einer von der Straße.
Allmählich gewinnt er die Herzen dieser Jungen. Bald wird er sogar zum Anführer einer Bande. Als er eine primitive Unterkunft findet, gehen seine Jungen mit ihm. Sie können nicht anders — sie sind fasziniert. Dieser Mario hatte etwas an sich, dem man nicht widerstehen konnte. Sie hatten kein Wort dafür, weil sie das nie erfahren hatten. Wie konnten sie wissen, daß es *Liebe* war?

Vielleicht können wir jetzt besser verstehen, warum Gott Mensch geworden ist. Er wollte einer von uns sein, um uns zu retten. „Gott mit uns": das ist Jesus.

43. Warum ist Jesus am Kreuz gestorben?

Jesus ist am Kreuz gestorben, um unsere Sündenstrafe zu büßen.

Liebe bis zum Opfer

Auschwitz 1941.
Ein Gefangener ist aus dem Konzentrationslager entflohen.
Am Abend tritt Lagerführer Fritsch vor die Gefangenen. „Der Flüchtling ist nicht gefunden worden", brüllt er. „Zehn von euch werden dafür im Hungerbunker sterben." Er tritt an die erste Reihe heran und blickt jedem scharf ins Gesicht. Schließlich hebt er die Hand, zeigt mit dem Finger: „Der da!"
Bleich wie ein Leichentuch tritt der Mann aus der Reihe.
„Der — und der — und der — ..."
Sie sind zehn. Zehn zum Tod Verurteilte. Einer von ihnen klagt: „Oh, meine arme Frau und meine Kinder."
Plötzlich geschieht etwas Unerwartetes. Ein Gefangener tritt aus der Reihe und bleibt vor Fritsch stehen. Der Lagerführer greift nach seinem Revolver.
„Halt! Was will dieses polnische Schwein von mir?!"
Der Gefangene antwortet ruhig: „Ich möchte anstelle dieses Verurteilten sterben!"
„Wer bist du?"
Die Antwort ist kurz: „Katholischer Priester."

Es folgt ein Augenblick des Schweigens. Schließlich entscheidet Fritsch mit heiserer Stimme: „Einverstanden. Geh mit ihnen!"
So starb der Franziskaner Maximilian Kolbe mit erst 47 Jahren. Ein Mann, der die Welt erobern wollte durch die Liebe. Aber er wußte: „Keiner hat eine größere Liebe, als wer sein Leben gibt für seine Freunde."

---

44. Ist Jesus von den Toten auferstanden?

Ja, er ist auferstanden, und wir werden auch auferstehen.

Der bellende Kirchenlehrer

Der Schwerkranke ergriff die Hand des Arztes: „Mir ist so bange vor dem Sterben. Sagen Sie mir doch, Herr Doktor, was wartet auf mich nach dem Tod? Wie wird es auf der anderen Seite aussehen?"
„Ich weiß es nicht", antwortete der Arzt.
„Sie wissen es nicht?" flüsterte der Sterbende.
Statt eine weitere Antwort zu geben, öffnete der Arzt die Tür zum Gang. Da lief ein Hund herein, sprang an ihm hoch und zeigte auf jede Weise, daß er sich freute, seinen Herrn wiederzusehen.
Jetzt wandte sich der Arzt dem Kranken zu und sagte: „Haben Sie das Verhalten des Hundes beobachtet? Er war vorher noch nie in diesem Raum und

kennt nicht die Menschen, die hier wohnen. Aber er wußte, daß sein Herr auf der anderen Seite der Tür ist, darum sprang er fröhlich herein, sobald die Tür aufging. Sehen Sie, ich weiß auch nichts Näheres, was nach dem Tod auf uns wartet; aber es genügt mir, zu wissen, daß mein Herr und Meister auf der anderen Seite ist. Darum werde ich, wenn eines Tages die Tür sich öffnet, mit großer Freude hinübergehen."

---

45. Warum sollen wir Maria besonders verehren?

Weil sie als Mutter Jesu auch Mutter Gottes ist.

Bitte für uns Sünder

Aus dem Tagebuch eines Unterseebootfahrers, geschrieben im Zweiten Weltkrieg:
Der Tag begann ruhig. Die See lag still, vom Feind war nichts zu sehen. Plötzlich schrillt die Alarmglocke. Der Kommandant gibt sofort Befehl zum Tauchen. „Feind in Sicht!"
Kurz darauf fallen die ersten Wasserbomben. Wir sitzen im Mannschaftsraum in Bereitschaft. Mit ernsten und bleichen Gesichtern warten wir auf den ersten Treffer. Jeder weiß, das wäre das Ende.
Wir hören das Dröhnen der Detonationen. Das Schiff rauscht mit schneller Fahrt unter dem Wasser dahin.

Auf einmal zieht der lange Hein mir gegenüber einen Rosenkranz aus der Tasche. Er betet. Es ist das erste Mal, daß einer von uns vor den anderen betet ... aber keiner lacht!

„Du, Hein, gib mir auch ein Stück, ich bin katholisch."

Es sah merkwürdig aus: eine schwielige Männerhand bittet um ein Stück von einem Rosenkranz.

Hein reißt ein Gesätz herunter und gibt es dem anderen.

Draußen tobt der Kampf weiter.

„Gib mir auch ein Stück!"

„Mir auch!"

Hein hat nun nur noch ein Gesätz und das Kreuz in der Hand.

Fünf Männer beten ... und niemand lacht sie aus.

„Du, gib mir das Kreuz, ich bin evangelisch."

Hein gibt ihm das Kreuz hin.

Wir haben für Minuten das Toben der Schlacht vergessen. Nach etwas über einer Stunde konnten wir dem Feind entkommen.

46. Was ist Kirche?

Die Kirche ist die Gemeinschaft derer, die an Christus glauben.

„Glaube an Jesus!"

„Gefoltert für Christus" — so heißt das Buch des Baptistenpfarrers Richard Wurmbrand. Er stammt aus Rumänien.
Er erzählt, wie er 1948 von den Kommunisten auf der Straße überfallen wurde. Sie sperrten ihn ein, weil er seinen Glauben an Christus vor aller Welt bekannte.
Kurze Zeit danach wurde auch seine Frau verhaftet. Michael, der neunjährige Sohn, blieb allein. Der Junge mußte hart kämpfen, um weiterzuleben. Er wurde so verbittert, daß er den Glauben an Christus verlor. Nach zwei Jahren erlaubte man ihm einen kurzen Besuch bei seiner Mutter. Er kam in das Gefängnis und sah seine Mutter hinter Eisengittern. Polizeibeamte standen dabei. Sie hatten der Mutter streng verboten, über Religion zu sprechen.
Der Sohn erkannte kaum seine Mutter, so war sie verändert von der schlechten Behandlung im Gefängnis.
Ihre ersten Worte waren: „Michael, glaube an Jesus!" In wilder Wut zerrten sie die Wachen von Michael weg und führten sie ab.
Michael weinte, als er mit ansah, wie seine Mutter

fortgestoßen wurde, ehe er ihr ein einziges Wort sagen konnte. Doch er vergaß nie, was die Mutter ihm zugerufen hatte: „Michael, glaube an Jesus!" Und er fand den Weg zum Glauben.

Auf der ganzen Welt gibt es über eine Milliarde Christen. Sie glauben an Jesus Christus und haben durch die Taufe sein Leben empfangen.
Leider sind die Christen in verschiedene Konfessionen gespalten: so in Anglikaner und Katholiken, in orthodoxe und evangelische Christen.
Beten wir oft: „Herr Jesus, gib uns deinen Geist, damit wir eins seien."

---

47. Wer ist das sichtbare Oberhaupt der Kirche auf Erden?

    Es ist der Papst in Rom, Nachfolger des Apostels Petrus.

Der Papst und die Oberin

Der Schwester Pförtnerin blieb fast das Herz stehen. Draußen vor der Tür stand der Papst selbst und wartete geduldig, nachdem er leicht geklingelt hatte.
Johannes XXIII. wollte eben einen kranken Priester besuchen im Heilig-Geist-Krankenhaus in Rom.
Die Schwester drückte auf den Knopf, um ihn her-

einzulassen, und rannte davon, ihre Oberin zu benachrichtigen. Diese kam ganz aufgeregt. So ein hoher Besuch war noch nie ins Heilig-Geist-Krankenhaus gekommen. Sie wollte sich gleich vorstellen und sagte: „Ich bin die Oberin des Heiligen Geistes."

Der Papst schmunzelte und erwiderte: „So weit bin ich noch nicht. Ich bin nur der Stellvertreter Jesu Christi."

---

48. Was geschieht nach dem Tod?

Die Guten kommen — meistens nach einer Läuterung — in den Himmel.

Zweimal gehenkt

Roger Warren, ein Weber aus der englischen Grafschaft Lancaster, wurde im 16. Jahrhundert zum Galgen verurteilt, weil er katholischen Priestern geholfen und sie beherbergt hatte.

Man legte ihm den Strick um den Hals, aber als man die Leiter entfernte, zerriß der Strick, und Warren fiel zu Boden.

Nach einigen Augenblicken kam er wieder zu sich. Er kniete nieder und betete still. Seine Augen schauten zum Himmel, und sein Gesicht strahlte vor Freude.

Der Hauptmann bot ihm noch einmal die Freiheit

an, wenn er seinem Glauben absage. Warren erhob sich und sagte: „Ich bin der gleiche wie vorher, immer noch bereit, für Jesus Christus zu sterben. Macht mit mir, was ihr wollt." Und er beeilte sich, die Leiter wieder zu besteigen.

„Ja, was ist das?" rief der Hauptmann. „Warum diese große Eile?"

Darauf Warren: „Hättet ihr gesehen, was ich eben gesehen habe, würdet ihr es genauso eilig haben zu sterben wie ich."

Der Henker legte ihm ein festeres Seil um und zog die Leiter zurück. So starb der Märtyrer Roger Warren.

---

49. Was geschieht mit den Bösen, die sich nicht bessern wollten?

    Sie kommen in die ewige Qual der Hölle.

Er kam nicht zurück

Zwei Fische machten einen Spaziergang durchs Meer. Auf einmal sahen sie gerade vor sich einen leckeren Wurm. Da sagte ein Fisch zum anderen: „Siehst du diesen Wurm? Er ist an einem Haken angespießt. Der Haken ist an einer Schnur festgemacht. Die Schnur hängt an einer Rute. Die Rute hält ein Mann in der Hand. Wenn einer von uns den Wurm frißt, dann bohrt sich der eiserne Haken in sein Maul, der Mann zieht ihn heraus, und der arme Fisch endet in der Bratpfanne."

Da sagte der andere Fisch: „Ha, ha! Diese Geschichte erzählte schon meine Oma, als ich klein war. An solche Märchen glaube ich nicht. Wie kann man nur so etwas behaupten? Es ist noch keiner von der Pfanne zurückgekommen, um das zu erzählen. Wenn du diesen guten Wurm nicht fressen willst, dann vertilge ich ihn." Und er tat es und endete wirklich in der Bratpfanne.

Und tatsächlich kam er *nicht* zurück, um es zu erzählen.

Viele Menschen sagen: „Von der Hölle weiß man doch nichts; es ist noch niemand von drüben zurückgekommen, um uns davon zu erzählen."

Das stimmt. Aber Jesus hat uns gewarnt vor dem ewigen Feuer. Das sollen wir nicht allzu leicht nehmen, sondern versuchen, nach seinem Wort zu leben.

---

50. Wer wird das Weltgericht bestehen?

Wer den Notleidenden liebend beisteht.

Der König und der Bauer

Diese Episode ist aus dem frühspanischen Königreich:

Eines Tages ging König Richard auf die Jagd. Im tiefen Wald wurde er von einem Gewitter überrascht und fand sich plötzlich ganz allein. Als es Abend wurde, suchte er den Heimweg zum königlichen Palast, fand ihn aber nicht. Die ganze kalte Nacht war er im Freien. Von Hunger gequält, irrte er im endlosen Wald umher.

Ganz naß und erschöpft traf er endlich am frühen Morgen auf einen alleinstehenden Bauernhof. Er klopfte an die Tür, er klopfte nochmals, aber niemand öffnete. Der verzweifelte König versuchte die Tür zu öffnen. Sie war nicht verschlossen und ging knarrend auf.

Da sprang der Bauer vom Küchentisch auf und schrie ihn an: „Du frecher Lump, du willst hier wohl stehlen! Schau, daß du weiterkommst, sonst schicke ich dir die Hunde nach."

Der König bettelt und bittet, aber der Bauer wird dadurch nur wütender. Schließlich schlägt er den König ins Gesicht und knallt die Tür vor ihm zu.

Doch der König kam dank der Hilfe von vorbeiziehenden Leuten wieder nach Hause.

Drei Tage später ließ er den Bauern in den königlichen Palast rufen. Der Bauer dachte: „Warum muß ich zum König? Ich habe ihm doch nichts getan! Ich kenne ihn nicht einmal."

Er mußte im großen Saal ganz allein vortreten vor den versammelten Fürsten des Reiches. Der König war in seinen feierlichen Kleidern, in der Hand das Zepter, auf dem Haupt die Krone.

Lange schaute er den zitternden Bauern an und schwieg. Dann sprach er: „Erkennst du mich?"

Der Bauer wurde von diesem Wort so betroffen, daß er kurz danach starb.

Dieses Wort werden auch wir im Weltgericht hören: „Erkennst du mich?
Ich war hungrig,
ich war krank,
ich war fremd."

Hoffentlich wird Christus, der König, zu keinem von uns sprechen müssen: „Fort mit dir in das ewige Feuer! Was du an den geringsten meiner Brüder versäumt hast, das hast du an mir versäumt" (Mt 25, 40).

Vater unser

Vater unser im Himmel,
geheiligt werde dein Name.
Dein Reich komme.
Dein Wille geschehe, wie im Himmel so auf Erden.
Unser tägliches Brot gib uns heute.
Und vergib uns unsere Schuld,
wie auch wir vergeben unsern Schuldigern.
Und führe uns nicht in Versuchung,
sondern erlöse uns von dem Bösen.
Denn dein ist das Reich und die Kraft und die
Herrlichkeit in Ewigkeit. Amen.

---

51. Warum hat uns Jesus so ein kurzes Gebet gelehrt?

    Weil er wußte, wie leicht wir beim Beten zerstreut sind.

Weder Pferd noch Sattel

Dazu eine wahre Geschichte von Franz von Sales:
Franz von Sales war ein Bischof, ein sehr guter Bischof. Er hat vor etwa 400 Jahren gelebt.
Eines Tages ritt er auf seinem Pferd in ein Dorf.
Dort traf er einen Bauern. Der Bauer sagte: „Grüß Gott, Herr Bischof. Ich muß Ihnen etwas sagen.

Wissen Sie, daß ich beten kann, ohne an irgend etwas anderes zu denken?"

„Das ist großartig", antwortete Franz. „Ich habe noch niemand getroffen, der das konnte. Daher möchte ich dich belohnen. Hör zu! Wenn du ein ganzes ‚Vaterunser' beten kannst, ohne an etwas anderes zu denken, gebe ich dir mein schönes Pferd."

Da freute sich der Bauer sehr und fing gleich an zu beten: „Vater unser im Himmel, geheiligt werde dein Name. Dein Reich komme. Dein Wille geschehe ..."

„Bekomme ich den Sattel auch oder nur das Pferd?" fragte er auf einmal dazwischen.

Da mußte der Bischof lachen: „Leider, leider", sagte er, „weder das Pferd noch den Sattel."

Der Bauer sah, daß er alles verloren hatte. Er konnte nicht einmal dieses ganz kurze Gebet ohne Zerstreuung sprechen.

---

52. Warum dürfen wir zu Gott „Vater unser" sagen?

    Weil er uns erschaffen und als seine Kinder angenommen hat.

Im Palast von Versailles

König Ludwig XV. von Frankreich hatte eine Tochter, die sehr eingebildet war.

Eines Tages vermißte die Prinzessin eine goldene Halskette. Grundlos klagte sie ihre Dienerin an.

„Madame", verteidigte sich diese, „Sie tun mir schwer unrecht."
Da rief die Prinzessin erzürnt aus: „Was erlauben Sie sich! Wissen Sie nicht, daß ich die Tochter eines Königs bin?"
Die Dienerin antwortete ruhig: „Und ich bin sogar ein Kind Gottes!"

---

53. Warum sagen wir: „... im Himmel."?

Weil wir auf die Macht Gottes vertrauen.

„Hört uns denn keiner?"

Knirschend gruben sich die Bohrer ins Gestein, Meißel und Picken hämmerten in dumpfem Takt. Alles war wie immer in der französischen Grube. In einem ziemlich weit vorgetriebenen, niedrigen Stollen schafften, verschwitzt und vor Anstrengung keuchend, sechs Bergleute.
Kaum hatten sie nach der Frühstückspause Bohrer und Meißel wieder zur Hand genommen, als Farel sein Werkzeug sinken ließ.
„Ich weiß nicht", brummte er, „die Luft ist doch ein bißchen eigenartig. Riecht ihr denn nichts?"
„Mir gefällt sie auch nicht!" nickte der Meisterhauer. „Wir wollen doch..." Ehe er den Satz beendet hatte, erschütterte ein furchtbares Krachen und Bersten die Grube. Dann war alles still und dunkel. Nur noch ein paar Grubenlampen quälten sich durch die Finsternis.

„Wir sind verschüttet!" stammelte Farel mit zuckenden Lippen.

„Wir sind alle verloren!" stöhnte Pierre. „Der ganze Berg ist eingestürzt."

„Quatsch, sie holen uns heraus!" begehrte sein Kamerad Marcel auf. „Sie müssen uns holen! Ich will leben!"

„Ja, sie können uns doch hier unten nicht verrecken lassen wie ein Stück Vieh!" heulte der Hauer Farel. „Ich habe doch Familie, eine Frau und drei Kinder!"

„Es kann viele Tage dauern, bis sie zu uns vordringen!" zuckte der Meister die Achsel, und leise fügte er hinzu: „Wenn sie es überhaupt schaffen."

„He du!" sprang Pierre wild auf. „Was hast du gesagt? ‚Wenn sie es überhaupt schaffen!' Hast du das gesagt?"

„Beruhige dich, Pierre! Durch dein Geschrei machst du nichts besser!"

„Was soll denn jetzt aus uns werden?" fragte Marcel. „Wenn sie uns nicht holen, werden wir verhungern."

„Wie lange kann man eigentlich ohne Nahrung leben?"

„Acht Tage!" riet einer.

„Zehn, zwölf!" meinten andere.

„Wir wollen rufen, Klopfzeichen geben!" schlug Farel vor. „Vielleicht sind die Rettungskolonnen schon ziemlich nah."

„Unsinn! Uns hört hier unten niemand!" antwortete der Meisterhauer. „Erst müssen wir sie hören, dann lohnt es sich, Zeichen zu geben."

Endlos langsam schlich die Zeit dahin. Keiner wußte, ob es Minuten oder Stunden waren, die sie in diesem schauerlichen Grab zubrachten. Die Grubenlampen begannen zu flackern. Eine nach der anderen erlosch. Kein Lichtschein drang mehr in die grauenhafte Gruft.

Nach einer Weile schraken alle auf, weil Pierre plötzlich zu toben begann und sich laut schreiend die Fäuste an den schwarzen Wänden zerschlug. Es dauerte lange, bis man ihn zu bändigen vermochte und der junge Bergmann stöhnend zusammensank.

So ging unbarmherzig träge die Zeit dahin. Hunger und Durst begannen zu quälen. Die Flaschen und Eßbehälter waren leer. Und wieder die bohrenden Gedanken! Werden sie uns überhaupt finden? Wie lange wird es dauern, bis sie auf unseren Stollen stoßen? Wenn man sich wenigstens Gehör verschaffen könnte!

„Hört uns denn niemand, gar niemand!" jammerte Marcel. „Es muß uns doch eigentlich jemand hören."

„Wenn man noch an Gott glauben könnte ...!" meinte Farel zögernd. „Wenn man das noch könnte!"

„Und was wäre dann?" fuhr Pierre auf.

„Dann könnte man beten, und er würde uns hören!"

„Und? Und dann?"

„Dann könnte er uns auch retten!"

„Aber es gibt doch keinen Gott. Das ist nur ein Pfaffenmärchen", murmelte Marcel dumpf.
„Du meinst?" fragte Farel langsam.
„Nun, vielleicht ist das gar kein Märchen, das mit dem lieben Gott, und wenn es ihn gibt, muß er uns auch hören", sagte der Meisterhauer wie zu sich selbst.
„Und vielleicht rettet er uns!" stammelte Pierre.
„Man sollte es doch versuchen mit dem Gebet."
„Wer kann denn noch beten?" fragte der Meisterhauer.
„Ich habe einmal ein Gebet gekonnt", sagte Farel. „Aber ich weiß nur noch die ersten zwei Worte: Vater unser!"
„Vater unser!" nickten die anderen. „Wenn man nur wüßte, wie es weitergeht. Laßt uns nachdenken!"
Diesem und jenem fiel schließlich nach langem Sinnen doch noch eine Bitte des Gebetes ein, und endlich — wer weiß, wie viele Stunden darüber vergangen waren — hatten die Bergleute den ganzen Text beisammen. Immer wieder beteten sie nun das ‚Vaterunser', leise ein jeder für sich, dann wieder gemeinsam, fromm wie in der Kirche, flehend, schreiend, stöhnend, immer wieder den gleichen Wortlaut: ‚Vater unser im Himmel!' Hunger und Durst marterten die Eingeschlossenen. Hie und da brüllte einer in einem Anfall von Verzweiflung. Aber dann hörte man wieder das große Gebet, das irgend jemand sprach: Vater unser.
Niemand hätte sagen können, wie lange die Bergleute eingeschlossen waren, als der Hauer Farel aus

dumpfem Halbschlaf auffuhr. War das ein Gaukelspiel der fiebernden Sinne, oder hatte er wirklich ein Hämmern und Bohren gehört?

„He, ihr!" röchelte er mit lallender Zunge. „Hört mal!"

Nun vernahmen auch die anderen das Rattern und Klopfen im Gestein.

„Sie sind da! Sie sind da!" stieß Pierre heiser hervor und begann mit einem Hammer in wahnsinniger Hast gegen die dunklen Wände zu klopfen. Die anderen folgten seinem Beispiel.

Immer wieder setzten sie dann mit ihren Klopfzeichen aus, horchten auf eine Antwort. Kein Zweifel, die Rettung war unterwegs, das Hämmern im Gestein war immer deutlicher hörbar.

Dann brachen die letzten Sperren. Steine, Kohlen, zerbrochene Balken wurden weggeräumt, ein Mann kroch in den Stollen, leuchtete hinein und stammelte: „Wahrhaftig, sie leben noch!"

Hände streckten sich ihm entgegen. Sanitäter kamen, luden die völlig Entkräfteten auf Tragbahren, schafften sie aus dem Schacht. Autos brachten sie ins Krankenhaus.

Dort erfuhren sie, daß sie zwölf Tage und Nächte eingeschlossen gewesen waren und daß niemand gehofft hatte, sie noch lebend zu bergen.

„Daß ihr da unten nicht den Verstand verloren habt!" meinte der Arzt, der sie untersuchte.

„Das kann ich Ihnen genau erklären!" antwortete der Hauer Farel, und die übrigen stimmten ihm zu.

„Wir haben da unten den Glauben an den Herrgott

wiedergefunden und das ‚Vaterunser' wieder beten gelernt. Das allein hat uns gerettet, sonst wären wir längst verzweifelt oder tot oder zu Narren geworden."

---

54. Warum heißt es: „Geheiligt werde dein Name."?

Weil wir vor der unendlichen Größe Gottes Ehrfurcht haben.

Von allein entstanden?

Ein amerikanischer Professor erzählt:
Ich bin Biologe. Jeden Tag studiere ich die Wunder des Lebens, von den einfachen Pflanzen über die Tiere bis zum Menschen. Ich muß immer wieder staunen über die Geheimnisse der Schöpfung.
Ich habe einen Freund, der Astronom ist. Er verbringt viele Nächte hinter dem Teleskop. Er studiert die Milliarden von Sternen und Planeten.
Eines Nachts nahm er mich mit zur Sternwarte. Er zeigte mir einen kleinen, hellen Fleck am Himmel, und dann lud er mich ein, ihn durch das riesige Teleskop zu betrachten. Das Bild war atemberaubend. Der helle Fleck erwies sich als unglaubliche Fülle großer und kleiner Sterne in Form einer Riesenspirale. Der Astronom erklärte mir: „Das ist eine Galaxie mit etwa hundert Milliarden Sonnensystemen."

Da fühlte ich mich ganz klein, überwältigt von der Größe der Schöpfung.

„Wer hat denn all diese Sterne gemacht?" mußte ich meinen Freund fragen.

Er meinte: „Niemand, Sie sind *von allein entstanden*."

Mein Freund ist nämlich Atheist. Er glaubt nicht, daß es einen Schöpfer-Gott gibt.

Kurz darauf habe ich ihn zum Abendessen eingeladen. In meinem Wohnzimmer hängt ein Mobile: die Sonne und alle ihre Planeten.

Mein Freund war außer sich vor Bewunderung. „So etwas", sagte er. „Jeder Planet geht genau auf seiner Bahn um die Sonne. Das ist ganz gelungen. Wer hat das gemacht?"

Ich schaute ihn lächelnd an und antwortete: „Niemand. Es ist *von allein entstanden*."

---

55. Warum bitten wir: „Dein Reich komme."?

    Damit es mehr Liebe und Gerechtigkeit auf Erden gibt.

Das Auto des Papstes

In Indien gibt es etwa vier Millionen Aussätzige. Der Aussätzige ist ein Ausgestoßener, in vielen Fällen wird er einfach von zu Hause weggejagt. Daher versuchen die Angesteckten alles mögliche, um die schreckliche Krankheit zu verheimlichen.

Mutter Teresa von Kalkutta wollte diese Vorurteile überwinden. Sie träumte von einer „Stadt des Friedens", in der die Aussätzigen geheilt werden. Aber leider hatte sie kein Geld dafür.

Eines Tages hörte sie voll Freude, daß der Papst zum erstenmal nach Indien kommen sollte. Tatsächlich flog 1964 Papst Paul VI. nach Bombay. Die Begeisterung des indischen Volkes war überraschend groß.

Eine amerikanische Firma schenkte ihm ein wunderschönes weißes Auto. In diesem Auto reiste er vom Flughafen bis zur Stadt Bombay. Am Ende seines Besuchs schenkte er das Auto Mutter Teresa, der Mutter der Armen, für ihre „unbegrenzten Werke der Liebe", wie er sagte. Was sollte sie damit anfangen? Mutter Teresa wußte schon, was tun. Sie organisierte eine Lotterie. Das weiße Auto war der erste Preis. Eine Witwe kaufte zehn Lose in der Hoffnung, das schöne Auto für ihren Sohn zu gewinnen. Sie hatten Glück, denn sie bekamen den Haupttreffer. Doch bald überlegten sie, daß der Unterhalt des Autos zu kostspielig war. Sie verkauften es wieder und gaben den größten Teil des Erlöses Mutter Teresa.

Nun wurde der Traum Wirklichkeit. Die indische Regierung stellte ihr ein großes Stück Land in der Nähe von Kalkutta zur Verfügung. Mit dem Erlös des Papst-Autos konnte sie auf diesem Gebiet viele kleine Häuser für die Leprakranken bauen. Sie baute auch ein Spital, wo viele Kranke geheilt werden. Sie errichtete Werkstätten, in denen die Geheilten ein Handwerk lernen.

So wurde aus dem Geschenk des Papstes eine ganze Stadt der Hoffnung. Und heute weiß jeder, daß es in Kalkutta, der Hauptstadt des Elends, auch eine „Stadt des Friedens" gibt, wo die Aussätzigen nicht verachtet, sondern geachtet, gepflegt und in vielen Fällen geheilt werden.

---

56. Warum sagen wir: „Dein Wille geschehe."?

Weil Gott durch seine Gebote und Fügungen unser Bestes will.

Bachs Lieblingslied

Johann Sebastian Bach erblindete im Alter. Eines Tages teilte ihm einer seiner Freunde mit, daß ein berühmter Augenarzt in die Stadt gekommen sei und sich bereit erklärt habe, seine Kunst an ihm zu versuchen, wenn er sich einer Operation unterwerfen wolle.
„In Gottes Namen", sagte der alte Bach. Da kam der Tag. Aber — die Operation mißlang! Als nach vier langen Tagen der Arzt die Binde von den Augen löste und die umstehende Familie den geliebten Vater fragte: „Kannst du sehen?", antwortete er: „Des Herren Wille geschehe! Ich sehe nichts!"
Als alle Umstehenden darüber weinten und so dem alten Vater das Herz schwermachten, rief er, sie froh ermunternd: „Singt mir lieber mein Lieblings-

lied: Was mein Gott will, gescheh allzeit, sein Wille ist der beste!"

---

57. Ist Gott schuld, wenn viele ihr tägliches Brot nicht bekommen?

    Nein, schuld sind die Egoisten, die anderen das Brot vorenthalten.

Der Angeber

Eine 40jährige Berlinerin erzählt:
Mein Mann ist kein schlechter Kerl, er trinkt nicht und tut nichts Unrechtes. Aber er ist ein großer Angeber. Seit ich verheiratet bin, komme ich nicht zur Ruhe, wir leben immer in Not und Bedrängnis, und der Gerichtsvollzieher ist ein ständiger Gast im Hause. Sooft es an der Tür läutet, denke ich, es ist wieder einer, der sein Geld haben will. Nachts kann ich nicht mehr schlafen vor lauter Sorgen. Ich muß immer an die Kinder denken, die oft nicht genug zu essen bekommen.

Mein Mann ist zwar kein Großverdiener, doch wir könnten auskommen. Aber um anzugeben, mußte er sich ein Auto kaufen, das weit über seine Verhältnisse ging. Er konnte es nicht bezahlen und machte Schulden. Jeden Tag fährt er mit seiner Limousine vor sein Amt wie ein Generaldirektor, nur um anzugeben, und sein ganzer Verdienst wird durch den

Wagen aufgezehrt. Und er macht immer neue Schulden.
In der Mittagspause geht er ins Restaurant, und wir dürfen zu Hause hungern. Der Junge bettelt oft: „Vater, verkauf doch das große Auto, du bringst uns alle ins Unglück damit!"
Aber er denkt nicht daran, er denkt nur an sein Prestige. Was würden die Mitarbeiter sagen, wenn er ohne Wagen ankäme? Sie würden sich freuen und über ihn spotten. Das könnte er nicht ertragen. Aber daß wir alle keine frohe Minute zu Hause haben, das läßt ihn völlig kalt.

Solche Egoisten gibt es in vielen Familien und in vielen Gemeinschaften. Es gibt sogar in der großen Familie der Völker reiche Länder, die den ärmsten Ländern höchstens ein paar Brosamen überlassen. Jeder von uns müßte seinen Nächststehenden fragen: „Gehöre ich auch zu diesen Egoisten?"

---

58. Warum sagen wir: „Vergib uns, wie auch wir vergeben."?

    Weil nur, wer selbst barmherzig ist, Gottes Barmherzigkeit verdient.

„Und er hat mir doch vergeben"

Erbarmungslos raste der Bürgerkrieg über die spanische Erde. Entweihte Kirchen, brennende Dörfer, verstümmelte Leichen zeigten den Weg, den das

rote Heer genommen hatte. Und auch die Nationalen kämpften mit einer Verbissenheit ohnegleichen. Als ein Trupp Nationaler nach hartem Kampf ein Dorf von den Gegnern gesäubert hatte, fanden sie an einer Mauerecke einen schwerverletzten Roten, dem ein Granatsplitter die Brust zerfetzt hatte.
Aus glasigen Augen schaute der Verwundete die herankommende Patrouille an. Dann hob er mit schwacher Gebärde die Hand und stammelte: „Einen Priester! Holt mir einen Priester!"
„Fahr zur Hölle, rote Kanaille!" fluchte einer der Nationalen. Doch einer seiner Kameraden hatte Mitleid: „Ich will sehen, ob ich einen Pfarrer finde."
Wirklich kam er bald mit einem Priester zurück. Mitleidig beugte sich dieser zu dem Schwerverletzten, einem blutjungen Burschen, nieder.
„Sie wollen beichten?" fragte er ihn.
„Ja, ich will beichten!" keuchte der Soldat. „Aber sagen Sie, sind Sie der Pfarrer dieses Ortes?"
„Ja, der bin ich!"
„Mein Gott!" stammelte der Junge.
Lange dauerte es, bis der Priester den Sterbenden verließ. Schweißnaß war sein Haar, und sein Gesicht war bleich wie die Wand, als er zu der wartenden Partrouille der Nationalen zurückkam.
„Brüder!" stieß er mühselig hervor. „Bringt den Verwundeten ins nächste Haus, damit er nicht auf der Straße stirbt."
Als die Soldaten sich dem Jungen näherten, richtete dieser sich ein wenig auf und winkte sie heran.

„Er hat mir vergeben! Er gab mir die Lossprechung!" keuchte er, nach Atem ringend.

„Warum soll er dir nicht vergeben? Das ist ja sein Amt!" sagte einer der Nationalen.

„Ihr wißt nicht, was ich getan habe!" stöhnte der Sterbende. „Ich habe allein zweiunddreißig Priester getötet, erstochen, erschossen, erschlagen, erwürgt. In jedem Dorf bin ich zuerst ins Pfarrhaus eingedrungen. Auch hier hab' ich das getan. Den Priester fand ich nicht, aber seinen Vater und seine beiden Brüder. Ich fragte sie, wo der Pfarrer sei. Sie weigerten sich, ihn zu verraten. Da habe ich alle drei erschossen! Versteht ihr? Dem Priester, der meine Beichte gehört, habe ich Vater und Brüder getötet ... Und er hat mir doch vergeben."

---

59. Was heißt: „Führe uns nicht in Versuchung."?

Es heißt: Stütze unsere Schwachheit, damit wir dich nicht beleidigen.

Der verbrannte Geldschein

In Afrika sind die meisten Leute sehr arm. In der großen Stadt Abidjan gibt es viele verlassene Kinder. Ihre Eltern haben selbst nichts und können sie nicht ernähren. Und so müssen sie betteln oder stehlen.

1960 begann ein junger französischer Priester, Pater

Martin, sich um diese Kinder zu kümmern. Er mietete für sie ein Haus, das die jungen Leute bald „unser Heim" nannten.

Eines Tages brachten die Jungen einen neuen Kameraden zum Pater. Er kam aus einer Bande von Taschendieben. Am nächsten Abend brachte ein Mann 20 Mark für den Neuen. Das war sein Anteil an dem letzten gemeinsamen Diebstahl.

Der Junge wollte das Geld gleich einstecken. Doch dann überlegte er, ob das richtig wäre. Er ging zu Paul, dem Anführer der Jungen im Heim.

„Das ist schmutziges Geld", sagte Paul, „du darfst es nicht behalten."

Er rief die anderen zusammen und fragte sie, was mit den 20 Mark zu machen wäre. Der eine meinte: „Wir kaufen einen Fußball." Die anderen wollten lieber ins Kino gehen.

Dazu meinte Paul: „Aber das Geld gehört uns nicht."

„Geben wir es dem Besitzer zurück!" rief einer. Aber den kannten sie nicht.

Da entschied Paul: „Das ist gestohlenes Geld. Ich sage es: Es ist schmutziges Geld. Wir wollen es vernichten."

Alle waren einverstanden. Paul holte Streichhölzer und verbrannte den Schein.

Als Pater Martin davon hörte, dachte er: „Ich habe nicht einmal fünf Mark übrig, um für den Neuen eine Schlafmatte zu kaufen."

Am nächsten Tag bekam er ganz unerwartet ein Geschenk von 500 Mark. Die Kinder sahen darin den Lohn dafür, daß sie der Versuchung, das schmutzige Geld in die Tasche zu stecken, widerstanden hatten. Für die größeren Jungen fand Pater Martin bald Arbeit. Als einer seinen ersten Lohn zum Pater brachte, sagte er ganz stolz: „Das ist *sauberes* Geld!"

---

60. Wer kann uns vom Bösen erlösen?

Christus, der Retter aller Menschen.

Die „Internationale" auf deutsch

Im Zweiten Weltkrieg hat Europa schwer unter den Deutschen gelitten. Es ist aber auch wahr, daß die Deutschen selbst durch den Wahnsinn Hitlers schwer gelitten haben, besonders natürlich nach dem Zusammenbruch 1945.
Rußland, am Heiligen Abend, 1946. Im Lager der deutschen Kriegsgefangenen ist es still geworden. Todmüde von der schweren Arbeitsschicht im Kohlenbergwerk haben sich die meisten aufs Lager gestreckt, den schmutzigen Bergmannsanzug über den Kopf gezogen, damit man ja schnell hinüberschlummert ins Land der Träume — diese eine goldene Brücke zur Heimat.
Nur ein paar Unentwegte versuchen Weihnachten zu feiern. Einige Texte und halbfalsche Melodien alter Weihnachtslieder, das ist alles. Eine Gruben-

lampe wirft ihr unruhiges Licht in den weiten Raum, in dem heute so viel Heimweh und Sehnsucht schlummern.

Da wird plötzlich die schwere Riegeltür aufgerissen und das von den Kriegsgefangenen am meisten gefürchtete Kommando versetzt alle in die harte Gegenwart zurück: „Das ganze Lager antreten!" Wahrscheinlich ein üblicher Zählappell mit stundenlangem Warten in der Kälte.

Von den Wachttürmen suchen Scheinwerfer die in Reih und Glied stehenden, frierenden Gestalten ab. Wache und Lagerkommandant, in Mantel und Pelz gehüllt, treten vor. Ein Dolmetscher wird zum Kommandanten gerufen. Satz für Satz übersetzt er ins Deutsche, daß wir es alle verstehen können: „Kriegsgefangene! In eurer deutschen Heimat wird heute von Reaktionären ein Fest gefeiert, das zwei Tage dauert. In der Sowjetunion hat man keine Zeit zum Festefeiern. Da wird gearbeitet zum Wohle der Proletarier der Welt, damit für sie bald die Befreiungsstunde schlage. Darum singt jetzt, zum Zeichen eurer Verbundenheit mit allen Werktätigen, die ‚Internationale‘."

Schon beginnt der Dolmetscher vorne: „Wacht auf, Verdammte dieser Erde ..." Und die tausend Gefangenen — schweigen; im Hintergrund beginnt einer ein anderes Lied, einige singen mit, erst zaghaft: „Stille Nacht, heilige Nacht ...", dann aber stimmen alle ein, voll und kräftig. Die erste Strophe ist beendet. Der Dolmetscher wiederholt eben den Schluß der „Internationalen": „Völker, höret die Signale ...", da erklingt wie ein Trutzlied die andere Strophe des „Stille Nacht", und die letzten Worte singen — nein rufen tausend Mann in die geheimnisvolle Nacht: „Christus, der Retter, ist da, Christus, der Retter, ist da." Das klingt wie ein begeistertes Glaubensbekenntnis und dringt hinaus durch den dreifachen Stacheldrahtzaun, hinein in die endlose russische Steppe.

Dann herrscht atemberaubende Stille. Der Kommandant richtet an den Dolmetscher eine Frage. Die Antwort erklingt laut: „Das war die ‚Internationale' nach deutscher Melodie."

Die Zehn Gebote

Ich bin der Herr, dein Gott.

1. Du sollst keine anderen Götter neben mir haben!
2. Du sollst den Namen Gottes nicht verunehren!
3. Gedenke, daß du den Sabbat heiligst!
4. Du sollst Vater und Mutter ehren!
5. Du sollst nicht töten!
6. Du sollst nicht ehebrechen!
7. Du sollst nicht stehlen!
8. Du sollst kein falsches Zeugnis geben wider deinen Nächsten!
9. Du sollst nicht begehren deines Nächsten Frau!
10. Du sollst nicht begehren deines Nächsten Hab und Gut!

---

61. Warum gab uns Gott als klare Wegweiser die Zehn Gebote?

    Weil er seine Kinder zur Fülle des Lebens führen will.

Blaulicht

Am 3. Februar 1959, um 23.12 Uhr, 10 000 Meter hoch über dem Nordatlantik, wirft der Flugzeugkapitän Waldo Lynch noch einen Blick auf die

Schalttafel der Boeing 707. Sein Copilot Sam Peters studiert eine Landkarte. Kapitän Lynch will sich ein bißchen die Beine vertreten, denn er denkt, das Schwerste ist jetzt vorbei.

Kurz nachdem sie Paris verlassen hatten, waren sie in einen Sturm geraten mit Gegenwind von 120 Stundenkilometer. Jetzt haben sie es geschafft, auf 10 000 Meter Höhe über das Sturmgebiet zu klettern. Der Kapitän schaltet den automatischen Piloten ein, legt den Kopfhörer ab und steht auf. Er ist 47 Jahre alt, muskulös, in voller Kraft. Er klopft Sam auf die Schulter, um ihm mitzuteilen, daß er für eine Weile geht.

Der Kapitän schlendert zwischen den Passagieren entlang. Diese haben noch alle ihre Sicherheitsgurte angelegt, die sie vor dem Sturm schützten. Hinten weint ein Baby in den Armen seiner Mutter. Kapitän Lynch beruhigt sie: „Jetzt wird es besser gehen, der Kleine wird schlafen können."

Was in diesem Augenblick geschieht, ist schwer zu beschreiben und noch schwerer, sich vorzustellen. Auf einmal spürt der Kapitän, daß das Flugzeug kippt, und zwar der rechte Flügel. Lynch wird gegen die Sessel auf der rechten Seite geschleudert, und gleichzeitig gehen alle Lichter aus. Dann schwebt er buchstäblich für zwei bis drei Sekunden in der Luft. Endlich findet er sich auf dem Boden liegend. Wenigstens glaubt der Kapitän, daß es der Boden ist, denn er ist benommen durch den Schock. Aber bald merkt er, daß es die Decke ist, an der er festklebt. Dafür gibt es nur eine Erklärung:

die Boeing liegt auf dem Rücken. Das Flugzeug fällt wie ein Stein kopfüber nach unten. Die Schreie der 116 Passagiere, mit den Sicherheitsgurten an ihre Sitze gebunden, übertönen den Motorenlärm.

Kapitän Lynch hat 15 000 Flugstunden. Daher reagiert er als Chefpilot. Er muß die Passagiere im Stich lassen und sofort in das Cockpit zurück. Denn dem Copiloten muß etwas passiert sein. Aber wie kann er Sam erreichen, die Schwerkraft preßt ihn an die Decke!

Lynch hat unbändige Kraft, und mit übergroßer Anstrengung erreicht er einen Sessel und zieht sich nun von Sessel zu Sessel dem Cockpit entgegen. Er hört das Dröhnen der Motoren, die funktionieren also noch. Es gibt noch Aussicht, das Flugzeug zu retten. Aber die Zeit! Er weiß, es ist eine Frage von Sekunden. Das Flugzeug muß schon 5 000 bis 6 000 Meter tief gestürzt sein, denn es ist wieder mitten im Sturm.

Plötzlich spürt Lynch eine neue Bewegung des Flugzeugs: es dreht sich und stürzt in Spiralen. Diesmal denkt der Kapitän: „Das ist das Ende." Die Boeing 707 ist nur noch ein wirbelndes Blatt im Sturm. Die Passagiere schreien nicht mehr, sie sind entweder bewußtlos oder warten auf den Tod.

Doch Lynch will nicht aufgeben. Er hat jetzt die Luxuskabine vorne erreicht. Mit seiner letzten Kraft zieht er sich immer weiter vorwärts von einem Sitz zum anderen. Auf einmal erzittert das ganze Flugzeug. „Jetzt wird es zerbrechen!" Das ist der letzte Gedanke des Kapitäns, bevor er umgeworfen wird. Nun dreht sich die Boeing nicht mehr wie ein Blatt im Wind, sondern schießt dem Meer entgegen wie eine Rakete. Das Heulen der Motoren wird unerträglich, die ganze Kabine wird davon erschüttert. Das Flugzeug nähert sich der Schallgeschwindigkeit. Doch es ist nicht mehr dem Sturm ausgeliefert, der Kapitän faßt wieder Hoffnung. Aber wie viele Sekunden hat er noch? Mit übermenschlicher Anstrengung kann er sich zum Cockpit hinarbeiten und spürt Hände, die ihn ergreifen und stürmisch hineinreißen. Es sind der Mechaniker und der Navigator. Lynch greift den Pilotensitz und kann sich hineinsetzen. Endlich hat er den Steuerknüppel in der Hand. Trotz Nacht und Sturm sieht er unter sich das entfesselte Meer. Er schätzt die Höhe auf 2 000 Meter. Aber in der einen Sekunde, wo er das gedacht hat, ist das Flugzeug schon 300 Meter tiefer gestürzt. Als Lynch versucht, das Flugzeug zu heben, merkt er, daß der Copilot bewußtlos ist. Er schreit den anderen zu: „Helft mir!" Die drei Männer reißen am Steuerknüppel wie Wahnsinnige. Aber im Senkrechtsturz in Schallgeschwindigkeit werden sie ständig zurückgeworfen; selbst mit vereinter Kraft bringen sie es nicht fertig. Und das tobende Meer stürzt ihnen entgegen.

Plötzlich erwacht der Copilot. Zu viert schaffen sie es, die Boeing doch in Waagrechtflug zu bekommen!

Noch ein paar Sekunden — und das Flugzeug wäre im Atlantik explodiert. Niemand ist verletzt. Das Ganze hat nur vier Minuten gedauert.

Was war passiert? Der Copilot hatte die Landkarte studiert und das blaue Licht auf der Schalttafel nicht gleich bemerkt, das Warnsignal, daß der automatische Pilot nicht mehr funktioniert.

Gott, wie ein guter Vater, hat uns auch Warnsignale gegeben: die Zehn Gebote. In großen Umrissen hat er sie im Herzen aller Menschen eingeprägt. Übersehen wir sie nicht! Sie können uns viele Katastrophen ersparen.

---

62. Welches sind die ersten drei Gebote?

Keine Götzen, kein Lippengebet, kein Sonntag ohne Gottesdienst.

Klatschen für Stalin

Keine Götzen

In Rußland glaubten die Kommunisten, daß es keinen Gott gibt. Aber die kommunistischen Führer, vor allem Lenin und Stalin, wurden dafür wie Götter angebetet. Da sind Dinge geschehen, die fast unglaublich sind.
Alexander Solschenizyn erzählt in seinem Buch „Archipel Gulag":
In einer kleinen Stadt in der Nähe von Moskau war eine politische Versammlung. Auf dem Podium saßen die wichtigen Leute der Stadt.

Unter den Leuten im Saal waren wie immer Geheimpolizisten in Zivil. Es wurden viele Reden gehalten. Der Höhepunkt war eine Rede zum Lob Stalins, des großen Führers Rußlands.
Kaum war der Redner fertig, standen alle auf und klatschten mit Begeisterung. Man klatschte und klatschte und klatschte. Drei Minuten, vier Minuten. Jeder wußte: Die Geheimpolizisten aus Moskau schauten ganz genau, wer zuerst mit Klatschen aufhört. Aber niemand hörte auf. Sechs Minuten, sieben, acht Minuten. Die alten Leute hatten Herzklopfen vor lauter Klatschen, aber sie hörten nicht auf. Neun, zehn Minuten. Jetzt war jeder erschrocken: Wie sollte das enden? Elf Minuten. Dem Direktor der Papierfabrik, der auf dem Podium steht, wird es zu dumm. Er ist ein mutiger Mann. Er hört auf zu klatschen und setzt sich hin.
Wie durch ein Wunder wird es still im Saal. Jetzt darf man aufhören. Alles ist erlöst.
In der folgenden Woche wird der Direktor eingesperrt. Die Anklage lautet: schlechte Verwaltung. Er wird zu zehn Jahren Gefängnis verurteilt.
Am Ende der Gerichtsverhandlung sagt der Richter nebenbei zu ihm: „Nächstes Mal schauen Sie, daß Sie nicht als erster aufhören zu klatschen, wenn es um Stalin geht."

Natürlich haben nicht nur Kommunisten ihre Götzen! Auch wir haben unsere Idole: auffällige wie Autos, Filme, Kleider, Geld und auch geheime wie Genuß, Macht und Erfolg.

63. Was heißt: „Kein Lippengebet."?

Es heißt: Man soll das ernst nehmen, was man betet.

Der Haselbauer

In Bayern erzählt man folgende Geschichte:
Der Haselbauer war schwer krank, und der Pfarrer war bei ihm.
Zuerst wurde gebeichtet.
Da mußte der Pfarrer einige Fragen stellen, denn der Haselbauer wußte schon viele Sünden von den Nachbarn, aber für die eigenen hatte er ein schlechtes Gedächtnis.
„Na, Haselbauer, habt Ihr seit Eurer letzten Beicht täglich gebetet?" fragte der Pfarrer.
„Des han'i", kam die sparsame Antwort.
„Was habt Ihr denn gebetet?"
„Vater unser."
„Also habt Ihr jeden Tag gesprochen: Vergib uns unsere Schuld, wie wir vergeben?" stellte der Pfarrer fest.
„Des han'i."
„Dann", meinte der Pfarrer, „habt Ihr bestimmt allen Euren Feinden vergeben?"
„Des han'i — nur dem Hansjörg net. Der hat mi zu arg ang'schmiert."
„Haselbauer, hier gilt kein Ausnehmen, und wenn Ihr erst gestorben seid, so ist's zu spät."

Der Haselbauer überlegte sich die Sache ganz genau: „Nun, so will i dem auch vergeben, falls i sterben sollt. Wird's aber wieder besser mit mir, nachher bleibt's beim alten."

So geht das eben nicht!
Wenn man mit Gott spricht, heißt es: „Kein Lippengebet." Denn Gott darf man nicht verspotten.

---

64. Was ist der Sinn des Sonntags?

Daß wir Zeit haben für den Gottesdienst und unsere Familie.

Die zwei Testamente

Es war in Frankfurt, vor etlichen Jahren. Ein sehr reicher Mann war gestorben. Er hatte keine nahen Verwandten. Jeder fragte sich gespannt: „Wer wird nun seine Millionen erben?"
Der Mann hinterließ zwei Testamente. Das eine sollte unmittelbar nach seinem Tod geöffnet werden, das andere erst nach seiner Beerdigung.
Im ersten Testament stand folgendes: „Ich will um vier Uhr morgens beerdigt werden."
Dieser sonderbare Wunsch wurde auch erfüllt. Es fanden sich nur fünf Trauernde hinter dem Sarg. Dann wurde das zweite Testament geöffnet. Da hieß es: „Ich will, daß mein ganzes Vermögen

gleichmäßig unter diejenigen verteilt wird, die bei meiner Beerdigung anwesend waren."

Diese fünf wahren Freunde hatten schon Glück! Man wäre fast versucht, sie zu beneiden. Aber im Grunde genommen haben wir keinen Anlaß dazu. Denn *wir* haben noch mehr Glück.

Wieso?

Wir kommen sonntags auch zusammen wegen eines Testamentes. Wegen des Testamentes Jesu, der uns gesagt hat: „Tut dies zu meinem Gedächtnis."

Viele Menschen finden dieses Testament sehr sonderbar und bleiben am Sonntag zu Hause. Aber wir wissen, daß uns beim Gedenken der Liebestat Jesu viel mehr gegeben wird als nur eine Million. Denn beim Gottesdienst empfangen wir Licht und Kraft, die uns zur ewigen Freude führen.

---

65. Welches sind die nächsten vier Gebote?

    Die Eltern ehren, nicht töten, nicht ehebrechen und nicht stehlen.

Alles kostenlos

Die Eltern ehren

Der kleine Fritz saß am Küchentisch und schrieb, die Zungenspitze zwischen den Zähnen, eifrig in sein Heft.

„Was schreibst du denn so fleißig?" fragte die Mutter vom Küchenherd her.
„Eine Rechnung für dich!" antwortete der Junge, ohne sich stören zu lassen.
„Da bin ich aber neugierig", meinte die Mutter.
„Du wirst es schon sehen, wenn ich fertig bin."
Als er das ganze Blatt vollgeschrieben hatte, zeigte er es der Mutter, die laut zu lesen begann:

Rechnung von Fritz Holzhauser für seine Mutter	
3 x Milch geholt	0,30 DM
2 x Küche geputzt	1,20 DM
3 x Geschirr abgetrocknet	0,60 DM
5 x Schuhe geputzt	1,50 DM
4 x Tisch gedeckt	0,80 DM
macht zusammen	3,80 DM

Die Mutti mußte lächeln, als sie die sonderbare Rechnung gelesen hatte. Dann nahm sie den Bleistift: „Ich schreibe dir meine Rechnung gegenüber", sagte sie.
„Deine Rechnung?" fragte Fritz erstaunt. „Hast du denn auch was für mich getan?"
„Nun, so ein bißchen was", nickte die Mutter.
Dann schrieb sie:

Rechnung von Frau Holzhauser für ihren Sohn Fritz	
8 Jahre für ihn gekocht	0,00 DM
8 Jahre für ihn gewaschen	0,00 DM
50 x Hose und Jacke geflickt	0,00 DM
100 Nächte für ihn gewacht, wenn er krank war	0,00 DM
macht zusammen	0,00 DM

Aufmerksam las der Bub die Rechnung der Mutter.
„Aber Mutti, warum hast du denn überall 0,00 DM geschrieben?"
„Weil eine Mutter für ihr Kind alles umsonst tut", antwortete die Frau. „Aber nun will ich dir die 3,80 DM geben, die du ja verdient hast."
Da sagte der Junge: „Nein, Mutti, ich will keinen Pfennig. Denn deine Rechnung müßte doch hundertmal so groß sein wie die meine."

---

66. Ist Abtreibung Mord?

Ja, weil es die Tötung eines ungeborenen Kindes ist.

„Aufgezwungenes" Mutterglück

Ein Frauenarzt in Tübingen erzählt einen interessanten Fall:
Eine junge Frau suchte mich auf. Sie war mit einem Professor verheiratet und half ihrem Mann bei seiner Arbeit. Sie sagte mir, daß sie zum erstenmal schwanger sei. Sie wolle aber kein Kind. Ob ich die Abtreibung machen könne.
„Können Sie sich denn wirklich kein Kind leisten?" fragte ich.
„Ich habe doch nicht geheiratet, um Kinder zu bekommen, sondern um mit meinem Mann wissenschaftlich zu arbeiten."

„Vielleicht", meinte ich, „würde Ihr Mann lieber ein Kind haben als eine wissenschaftliche Mitarbeiterin."
„Das glaube ich nicht", antwortete sie von oben her. „Und übrigens ist das meine Sache, und es geht sonst niemand etwas an."
„Jedenfalls", warnte ich sie, „können Sie dazu nicht mit meiner Hilfe rechnen. Und wenn Sie sich anderswohin wenden, überlegen Sie sich die Sache vorher gut."
„Ich habe es mir längst überlegt."
Wir sahen uns lange an, ohne ein Wort zu sprechen. Dann sagte ich ihr ganz ruhig: „Also, Sie wollen Ihr eigenes Kind töten. Sie sind eine Mörderin!"
Da wurde sie blaß vor Wut. Sie sprang auf, griff nach ihrer Handtasche und schlug beim Hinausgehen die Tür hinter sich zu.
Sieben Monate später kam ein Anruf. Es war die gleiche Frau: „Können Sie mir bei der Geburt meines Kindes helfen?" Ich mußte vor mich hinlächeln. Selbstverständlich habe ich ihr geholfen. Dann allerdings konnte sie nicht genug Dankesworte finden für „das ihr aufgezwungene Mutterglück".
Sie wurde in den nächsten Jahren Mutter von noch drei Kindern und sandte mir jahrelang Blumen und Dankesgrüße.

67. Was heißt: „Ehebrechen."?

Es heißt: Eine andere Frau oder einen anderen Mann nehmen.

„Du bist nicht meine Mutti!"

Nanette, eine französische Frau, erzählt:
Ich bin in einer Küstenstadt am Atlantik geboren und habe mit meinen zwei Geschwistern eine glückliche Kindheit erlebt. Wir hatten unsere Eltern sehr gern.

Als ich neun Jahre alt war, wurden wir Kinder in den Ferien zu meinem Großvater aufs Land geschickt. Acht Tage später kam meine Mutter vorbei. Sie ging nicht ins Haus, sondern schlich sich zu uns in den Garten und sagte uns: „Euer Vater will nicht, daß ich mit euch spreche." Das machte auf uns tiefen Eindruck.

Später erfuhren wir, daß Mutti an diesem Tag von zu Hause weggegangen war. Erst nach Jahren hörte ich, warum das geschehen war: Mutti warf dem Vati vor, Beziehungen zu anderen Frauen zu haben.

Dann waren die Ferien zu Ende. Vati kam und holte uns ab. Ich kann mich genau daran erinnern. Er stand draußen neben seinem Auto. Wir trugen unsere Koffer und Taschen. Eine Frau stand neben Vati. Plötzlich sagte er: „Kommt her, Kinder, und grüßt eure neue Mutti!"

Ich weigerte mich, sie zu grüßen. Vati sagte: „Ach, das wird schon vorübergehen." Doch ich konnte einfach nicht begreifen, daß ich *meine* Mutti nicht mehr hatte.

Wie ein Blitz aus heiterem Himmel hatte man mir gesagt: „Deine Eltern sind auseinandergegangen, du hast eine neue Mutti." Das konnte ich nicht schlucken, es war zu viel für mich.

Meine ablehnende Haltung hatte zur Folge, daß meine Stiefmutter mich auch haßte. Ich wollte ihr nicht gehorchen. Ich wurde immer bitterer, immer verschlossener. Mein Charakter veränderte sich.

Meine Stiefmutter und mein Vater waren sehr verliebt. Sie gingen öfter abends ins Theater oder in die Oper. Wir blieben zu Hause, hatten Angst und sagten zueinander: „Siehst du, die lieben uns nicht."

Einmal hatte mich meine Stiefmutter wieder ohne Grund geschlagen und schrie mich an: „Du bist nicht mein Kind!" Ich schrie zurück: „Du bist nicht meine Mutti!"

Die Jahre vergingen, die Lage wurde immer schlimmer. Eines Tages kam der große Krach.

Meine kleine Schwester war sehr empfindlich gegen heißes Wasser. Meine Stiefmutter hatte für sie ein heißes Bad vorbereitet. Ich tauchte meine Ellbogen hinein und sagte: „Das Wasser ist zu heiß!" Meine Stiefmutter hörte es und sagte: „Sofort hinein!" Sie packte meine Schwester und steckte sie hinein. Meine Schwester schrie vor Schmerzen. Mich überkam die Wut. Ich stürzte mich auf meine Stiefmutter. Sie fiel rückwärts und schlug mit dem Kopf ge-

gen den Wandschrank. Bewußtlos lag sie auf dem Boden.
Ich war starr vor Schreck und dachte: „Du hast sie umgebracht." In meiner Panik rannte ich aus dem Haus, ich lief weg, so schnell ich konnte. Am Bahnhof stieg ich in einen Zug und fuhr schwarz bis zur Endstation: Bordeaux.
Dann stand ich da. Hunderte von Leuten hetzten vorbei nach allen Richtungen. Ich muß ziemlich verloren dreingeschaut haben. Denn plötzlich sprach mich ein fescher junger Mann an. Er hatte meine Notlage gleich durchschaut. Er versprach mir ein schönes Leben und viel Geld, wenn ich mit ihm arbeiten wollte. Ich hatte keine Wahl, denn nach Hause wollte ich auf keinen Fall. Und so wurde ich mit 14 Jahren zum Straßenmädchen.

---

68. Ist nur der ein Dieb, der etwas stiehlt?

Nein, jeder, der für sich behält, was vielen nützen soll.

Der Skandal des Hungers

Die französische Journalistin France Lesprit erzählt, was sie im ärmsten Land der Welt, in Bangladesch, erlebt hat:
Vor ein paar Tagen sah ich auf dem Gehsteig einen Jungen liegen, neben ihm einen leeren Blechteller.

Das war nichts Besonderes, denn es gibt Hunderte solcher Armen hier in Dacca. Aber dieser Junge röchelte inmitten von Unrat. Um ihn herum hüpften Raben, die offenbar auf seinen Tod warteten.
Seine herausstehenden Rippen waren mit Geschwüren bedeckt, seine zum Skelett abgemagerten Arme waren voll eitriger Wunden.
Ich habe mich gebückt, um ihm etwas zu essen zu geben. Er lehnte ab; er war zu einem Punkt gekommen, wo einem alles egal ist, wo man nicht einmal mehr essen will. Ich habe ihn zum Heim für Sterbende der Mutter-Teresa-Schwestern gebracht. Aber es war schon zu spät. Am folgenden Tag ist er gestorben ohne eine Klage.

Nun müssen wir uns fragen:
Warum mußte dieser Junge aus Dacca sterben?
Warum müssen in dieser Hauptstadt täglich mindestens 200 Menschen verhungern?
Ja, warum müssen Millionen in der Welt weiter hungern?

Dazu eine kleine Geschichte:
In einer Familie mit fünf Kindern wollten die Eltern eine Reise machen. Sie sagten zum ältesten Sohn: „Hier sind 100 Mark für Lebensmittel."
Kaum sind die Eltern fort, nimmt der Älteste 80 Mark für sich und sagt zu seinen vier Geschwistern: „Ich mache mit meinen Freunden eine Radtour. Aber ihr sollt auch etwas haben: da sind 20 Mark."

Ist dieser Junge nicht ein *Dieb*, wenn er für sich

allein behält, was allen fünf Geschwistern gehört?
Wir aus den reichen Ländern der Welt dürfen jedenfalls keinen Stein auf ihn werfen. Denn obwohl wir nur 20 Prozent der Menschheit sind, gebrauchen wir 80 Prozent des Reichtums der Welt.

69. Welches sind die letzten drei Gebote?

Nicht lügen, nicht begehren und den anderen nicht beneiden.

Und die Notlüge?

Wenn in einem Land alle Männer Soldaten sind, dann gibt es keine Arbeiter mehr. 1943 brauchte Hitler Fremdarbeiter für seine Munitionsfabriken. Dazu ließ er viele junge Männer aus den besetzten Gebieten nach Deutschland schleppen. Kommandos von Soldaten überfielen ein Wohnviertel und nahmen die jungen Männer gewaltsam mit.
Ein siebzehnjähriger Holländer, Peter van Woerden, erzählt, wie es bei einem dieser Überfälle in seiner Familie zuging:
Ein Problem beunruhigte meine Schwestern ganz besonders. Was sollten sie antworten, wenn die Soldaten überraschend kämen und wir Brüder uns im Haus versteckt hielten? Die Wahrheit sagen? Oder dem Feind eine Lüge aufschwatzen, um uns zu retten? Über diese Frage wurden wir uns nicht einig.

Die Mutter saß regelmäßig still dabei und wartete das Ende unserer Diskussion ab. Dann sagte sie immer wieder: „Ehrlichkeit ist die größte Klugheit. Seid ehrlich, so könnt ihr sicher sein, daß euch euer Herr zur Seite steht."

Wenige Tage später geschah es. Meine jüngere Schwester Cocky putzte gerade das Schlafzimmer im oberen Stockwerk. Als sie ein Fenster öffnete, um das Staubtuch auszuschütteln, sah sie, wie die Soldaten in der Nachbarschaft von Haus zu Haus gingen. Aufgeregt rannte sie die Treppe hinunter und mir gerade in die Arme. „Peter, schnell! Versteck dich! Sie sind da!"

Unter dem Fußboden in unserer Küche, die nicht unterkellert war, hatten wir für diesen Fall ein Loch ausgegraben. Cocky hob mit zitternden Händen die Bretter auf und half mir in mein Versteck. Dann legte sie die Planken sorgfältig wieder an ihren Platz und bedeckte sie mit einem kleinen Teppich. Darauf kam der Tisch zu stehen, der ein großes, tiefhängendes Tischtuch trug.

Da hörte ich auch schon das schwere Stampfen genagelter Stiefel über mir. Mein Herz schlug so heftig, daß ich meinte, sein Pochen müsse mich verraten. Ich hörte, wie eine Männerstimme in gebrochenem Holländisch fragte: „Hat es junge Burschen im Haus?"

Da war sie also, die Frage, über deren Beantwortung wir nie einig geworden waren. Was würde Cocky tun? Die Wahrheit sagen — das bedeutete meine Festnahme. Aber ein Nein war doch keine Lüge!

„Herr, gib ihr Weisheit!" betete ich.
„Hat es junge Burschen im Haus, ja oder nein?" wiederholte der Soldat.
„Ja, mein Herr", hörte ich die klare Mädchenstimme sagen, „unter dem Tisch."
Hastig hob der Soldat das lange Tischtuch empor und schaute darunter. Nichts!
Im gleichen Augenblick brach Cocky in lautes Gelächter aus.
Der Mann bekam einen roten Kopf, weil er sich von einem halbwüchsigen Mädchen offenbar hatte hinters Licht führen lassen, und brach verwirrt die Suche ab.

---

70. Was heißt: „Nicht begehren."?

Es heißt: Man soll nichts Unlauteres in seinem Herzen wollen.

Begehren kommt vor der Tat

Es war 1902 in Italien. Da wohnten zwei Familien nebeneinander auf dem Land: die Familie Goretti und die Familie Serenelli.
Mama Goretti war Witwe und mußte mit ihrem sechzehnjährigen Sohn in der Landwirtschaft schwer arbeiten, um die fünf jüngeren Kinder zu ernähren. Das konnte sie nur leisten, weil die zwölfjährige Maria die Hausarbeit übernommen hatte. Sie war ein hübsches, fleißiges, fröhliches Mädchen.

Bei den Serenellis sah es anders aus. Der Vater war ein Trinker und hatte sich sehr wenig um die Erziehung seines zwanzigjährigen Sohnes Alessandro gekümmert. Dieser war ein Taugenichts, der einen großen Bogen um jede ehrliche Arbeit machte. Das schöne Nachbarmädchen *begehrte* er sehr.

Eines Tages rief er Maria zu sich in sein Zimmer. Er versuchte, sie zur schlechten Tat zu überreden, und wurde dabei immer aufdringlicher. Maria aber blieb fest. In seiner maßlosen Enttäuschung wurde der junge Mann sehr zornig. Er griff nach seinem Messer, um sie zu bedrohen. Als Maria laut um Hilfe schrie, verlor er ganz die Beherrschung. Er stürzte sich auf sie und stieß sein Messer mehrere Male in ihren Leib.

Maria starb einige Tage später nach schrecklichen Leiden im Krankenhaus. Kurz vor ihrem Tod hat sie ihrem Mörder verziehen.

„Selig, die ein reines Herz haben, denn sie werden Gott schauen" (Mt 5, 8).

Was kann man gegen unreine Gedanken tun?

Don Bosco meint dazu: „Nimm bei Tag gleich eine Arbeit zur Hand, bei Nacht aber höre nicht auf zu beten, bis der Schlaf dich übermannt."

Also Don Bosco empfiehlt zwei Dinge: Ablenken und Beten.

Aber wie soll man da beten?

Am besten betet man so, daß man abgelenkt wird! Man betet zum Beispiel für die Völker der Erde und nennt etwa bei jedem Atemzug ein Land:

„Herr, hilf England,
Frankreich,
Deutschland,
hilf China,
Indien,
Japan."
Wenn einem kein Land mehr einfällt, nimmt man statt dessen Städte und Dörfer.
Das soll man weitermachen, solange wie nötig — und ruhig und entschieden wieder anfangen, sooft wie nötig.
Dadurch kann die Versuchung zum Segen werden für unzählige Menschen in allen Ländern der Welt.

Die Sakramente

Wir Menschen brauchen sichtbare Zeichen. Wer wird etwa glauben, daß er geliebt ist, solange er kein Zeichen der Liebe erhält, und sei es nur ein Lächeln? Daher hat Gott auch den Gläubigen sichtbare Zeichen seiner Liebe gegeben. Das sind vor allem die sieben Sakramente. Durch sie empfangen wir die Fülle des göttlichen Lebens. Dieses Leben der Seele entfaltet sich wie das körperliche Leben.
Die *Taufe* ist die Geburt,
die *Firmung* das Reif-Werden,
die *Eucharistie* die Nahrung,
das *Bußsakrament* das Heilmittel
und die *Krankensalbung* die Heilkur.
Durch das *Priestersakrament* erhält das Volk Gottes Führung und durch das *Ehesakrament* „Zuwachs".

---

71. Was ist die Taufe?

   Sie ist eine Reinigung, die uns zu Kindern Gottes macht.

Helen Keller

Helen Keller verlor mit eineinhalb Jahren Augenlicht und Gehör. Sie war also taub, stumm und blind. Wie konnte aus diesem armen Kind, das sozusagen lebendig begraben war, eine große, weltaufgeschlossene Frau werden?

Helen Keller erzählt:

Als ich sechs Jahre alt war, wurde mein Verlangen, mich verständlich zu machen, von Tag zu Tag größer. Da ich diese Mauer des Schweigens um mich nicht durchbrechen konnte, wurde ich immer öfter darüber wütend. Es war, als hielten mich unsichtbare Hände, und ich machte verzweifelte Anstrengungen, mich zu befreien. Meistens endete mein Zornausbruch damit, daß ich total erschöpft und weinend in die Arme meiner Mutter flüchtete.

Meine Eltern waren tief bekümmert und völlig ratlos. Doch nach langem Suchen fanden sie Hilfe.

Der wichtigste Tag meines Lebens war der, an dem meine Lehrerin, Fräulein Sullivan, zu mir kam. Es war der 3. März 1887, drei Monate vor meinem siebten Geburtstag.

Am Morgen nach ihrer Ankunft führte mich Fräulein Sullivan in ihr Zimmer und gab mir eine kleine Puppe. Als ich ein Weilchen mit ihr gespielt hatte, buchstabierte Fräulein Sullivan langsam das d-o-l-l (Puppe) in meine Hand. Dieses Fingerspiel interessierte mich sofort, und ich begann, es nachzumachen. Als es mir endlich gelungen war, die Buchstaben genau nachzuahmen, errötete ich vor Freude und kindlichem Stolz. Ich lief die Treppe hinunter zu meiner Mutter, streckte meine Hand aus und machte ihr die eben gelernten Buchstaben vor. Ich wußte damals noch nicht, daß ich ein Wort buchstabierte, ja nicht einmal, daß es überhaupt Wörter gibt; ich bewegte einfach meine Finger in affenartiger Nachahmung. Auf diese Weise lernte ich eine Menge Wörter buchstabieren.

Aber erst nach einigen Wochen geschah das Wunder. Das kam so:

Wir hatten eine Auseinandersetzung über die Wörter m-u-g und w-a-t-e-r gehabt. Fräulein Sullivan hatte mir einzuprägen versucht, das m-u-g ein Becher und daß w-a-t-e-r Wasser sei, aber ich blieb beharrlich dabei, beides zu verwechseln. Verzweifelt hatte sie das Thema fallengelassen.

Sie brachte mir meinen Hut, und ich wußte, daß es jetzt in den warmen Sonnenschein hinausging. Dieser Gedanke ließ mich vor Freude springen und hüpfen.

Wir schlugen den Weg zum Brunnen ein, geleitet durch den Duft des Flieders. Es pumpte jemand Wasser, und meine Lehrerin hielt mir die Hand unter das Rohr. Während der kühle Strom über eine meiner Hände sprudelte, buchstabierte sie mir in die andere Hand das Wort w-a-t-e-r, zuerst langsam, dann schnell. Ich stand still und verfolgte gespannt die Bewegung ihrer Finger.

Mit einem Male durchzuckte mich ein Blitz der Erkenntnis — und das Geheimnis der Sprache lag offen vor mir: Jedes Ding hatte einen Namen!

Ich wußte jetzt, daß Wasser jenes wundervolle kühle Etwas bedeutete, das über meine Hand hinströmte. Dieses lebendige Wort erweckte meine Seele zum Leben, spendete ihr Licht, Hoffnung, Freude, befreite sie von ihren Fesseln!

Ich verließ den Brunnen voller Lernbegier. Jedes Ding hatte einen Namen.
Ich lernte an diesem Tag eine große Menge neuer Wörter. Ich erinnere mich nicht mehr an alle, aber ich weiß, daß mother, father, sister (Mutter, Vater, Schwester) unter ihnen waren — Wörter, die die Welt für mich erblühen machten.

Helen Keller ist aus ihrem engen Kerker befreit worden durch das *Wasser*, durch das Wasser, das ihr über die Hand strömte.
„Dieses lebendige Wort", schreibt sie, „erweckte meine Seele zum Leben, spendete ihr Licht, Hoffnung, Freude, befreite sie von ihren Fesseln!"
So erweckt die *Taufe* unsere Seele zu neuem, göttlichen Leben und befreit uns von den Fesseln der Erbsünde.

---

72. Wie wird der Christ in der Firmung gefestigt?

    Er wird durch Handauflegung des Bischofs mit Heiligem Geist erfüllt.

Firmung heißt Festigung

In Rußland wollten die Kommunisten den Glauben durch alle Mittel zerstören. Hier ist der Brief einer gläubigen Schülerin aus Litauen:
Als ich in der sechsten Klasse war, wollte mich der

Klassenlehrer zwingen, mich bei den „Pionieren" einzuschreiben. Die „Pioniere" sind die kommunistische Jugendbewegung. Da er sah, daß ich zögerte, sagte er: „Wenn du dieses Jahr nicht willst, im nächsten Jahr ist es Pflicht." Als ich mich später noch immer weigerte, drohte er mir mit schlechten Noten und anderen Strafen. Bald mußte ich einsehen, daß er im Ernst gesprochen hatte. Denn bei einigen Lehrern wurden meine Noten immer schlechter.

Einmal traf ich den Lehrer auf der Straße. Er fragte mich: „Wo gehst du hin?" Ich antwortete: „Ich gehe zur Kirche." Da warnte er: „Hör endlich auf mit deiner Kirchenrennerei!"

Eines Tages teilte man in der Klasse Fragebogen aus. Die Fragen hießen:

— Gehst du zur Kirche?

— Wer schickt dich zur Kirche? und so weiter.

Ich beantwortete diese Fragen folgendermaßen:

— Ja, ich gehe zur Kirche.

— Ich geh' zur Kirche, weil ich es selbst will.

Kurz darauf rief mich der Lehrer und sagte: „Du gehst also immer noch zur Kirche! Geh nur! Aber merke dir eins: Wenn die Leute von der Regierung kommen und dich fragen, ob du zur Kirche gehst und ob du glaubst, dann mußt du antworten: Nein!"

Ich habe es zu Hause mit meinen Eltern besprochen, und sie gaben mir den Rat, ich solle Gott nie verleugnen.

In der Klasse mußten wir immer wieder Aufsätze

schreiben gegen die Religion. Und so hat mich der Lehrer bis zum Ende des Schuljahres dauernd wegen meines Glaubens gequält.
Soweit dieses tapfere Mädchen.

Ein Christ muß nicht nur den Glauben annehmen. Er muß auch im Glauben wachsen, damit er bei Verfolgung und Verspottung fest bleibt. Da sieht man, wie gut es ist, daß der junge Christ die nötige Kraft von oben bekommt durch das Sakrament der Firmung.

---

73. Was geschieht bei der Eucharistiefeier?

Das Kreuzopfer Jesu wird dem Vater dargebracht zu unserem Heil.

Freiwillig in den Tod

Es war im Zweiten Weltkrieg. In ganz Europa wurden Juden gejagt, verschleppt und ermordet.
Jüdische Widerstandskämpfer versuchten verzweifelt, ihre gefangenen Brüder zu befreien. Nachts machten sie Blitzangriffe gegen die gefürchtete SS. Wittenberg war der Führer dieser tapferen Widerstandskämpfer in Wilna. Die SS hatte einen hohen Preis auf seinen Kopf gesetzt.
Eines Tages wurde er gefangengenommen. Doch die SS hatte sich zu früh gefreut. Wittenberg konnte

fliehen und im jüdischen Viertel von Wilna untertauchen.
Als der SS-General das hörte, befahl er, das ganze jüdische Viertel durch starke Bewachung einzuschließen. Dann schickte er eine Botschaft an die Juden: Entweder wird Wittenberg ausgeliefert, oder alle Einwohner werden ins Vernichtungslager abtransportiert.
Eine dumpfe Angst lag über den unglücklichen Menschen. Aber Wittenberg nahm sie ihnen. Seinetwegen sollten sie nicht umkommen. Von Mund zu Mund lief die Nachricht: „Er stellt sich freiwillig!"
Als es soweit war, stand an beiden Seiten der Straße, die zum Stadttor führte, die jüdische Bevölkerung: auf der einen die jungen Kämpfer, auf der anderen die alten Männer, die Frauen und Kinder. Wittenberg bestimmte einen gewissen Kovner zu seinem Nachfolger und gab ihm seine Pistole. Dann schritt er durch die leere Mitte der Straße dem Tor zu, ohne nach links oder rechts zu blicken. Tapfer ging er einem schrecklichen Tod entgegen.

Jesus ging auch freiwillig in einen schrecklichen Tod. Das tat er, um alle Menschen zu retten. Dieses einmalige Opfer des Gott-Menschen hat einen *unendlichen* Wert. In jeder Messe wird dieses Opfer Gottvater dargebracht für unsere Sünden.

74. Wie sollen wir Jesus empfangen in der heiligen Kommunion?

Mit einem festen Glauben, der alles von ihm erwartet.

Belohntes Vertrauen

Eines Tages ging Kaiser Napoleon in ein Gasthaus. Er war nur von seinem Adjutanten Duroc begleitet. Sie wollten nicht erkannt sein und trugen daher ganz unauffällige Kleider.
Als sie gegessen hatten, brachte die alte Wirtin die Rechnung über 14 Franken. Duroc griff nach seiner Börse — und wurde blaß. Die Börse war nämlich leer.
Der Kaiser lächelte herablassend und sagte: „Machen Sie sich keine Sorgen, ich zahle schon." Er durchsuchte seine Taschen, aber leider mußte er feststellen, daß auch er keinen Pfennig bei sich hatte.
Was sollten sie tun? Der Adjutant machte der Wirtin einen Vorschlag: „Wir haben unser Geld vergessen. Doch ich komme innerhalb einer Stunde zurück und werde alles bezahlen."
Davon wollte die Alte überhaupt nichts hören. Sie drohte gleich, die Gendarmen zu holen, wenn nicht sofort bezahlt würde.
Der Kellner, der die Auseinandersetzung mitverfolgt hatte, bekam Mitleid mit den zwei Herren. Er

sprach zu der Wirtin: „Das kann doch jedem passieren, daß man sein Geld vergißt. Lassen sie das mit den Gendarmen. Ich werde für sie die 14 Franken ausgeben. Die beiden scheinen mir ehrlich."
So konnten sie das Lokal verlassen.
Bald kam der Adjutant zurück und fragte die Wirtin: „Wieviel haben Sie ausgegeben, um dieses Gasthaus zu erwerben?"
„30 000 Franken", antwortete die Alte.
Duroc zog seine Brieftasche heraus und zählte ihr 30 000 Franken auf den Tisch. Dann erklärte er: „Auf Befehl meines Herrn, des Kaisers, schenke ich dieses Gasthaus Ihrem Kellner, der uns in unserer Not geholfen hat."

Nun können wir uns fragen: Warum hat die Wirtin ihr Gasthaus verloren und wurde der Kellner so belohnt? Beide haben doch den gleichen hohen Gast aufgenommen und bewirtet. Doch es gab einen großen Unterschied: Der Kellner schenkte dem unauffälligen Gast sein Vertrauen, die Wirtin nicht.

Wir Christen empfangen auch Jesus als unauffälligen Gast im heiligen Brot. Woher kommt es, daß die einen sich danach bessern und die anderen nicht? Es kommt daher, daß die einen ihm Vertrauen schenken, andere aber nicht. Die einen erwarten eben alles von ihm, andere sind gleichgültig und erwarten nichts.

75. Wie können wir unsere Sünden loswerden?

Indem wir sie bereuen und in der Beichte sagen.

Der gestohlene Diamant

Über einen König von Aragonien (Spanien) wird eine merkwürdige Geschichte erzählt:
Eines Tages ging der König mit seinen Höflingen zu einem Juwelier. Während er sich mit dem Geschäftsmann unterhielt, schauten sich die Höflinge die Schmuckstücke an.
Als sie das Geschäft verlassen hatten, kam der Juwelier ganz aufgeregt nachgelaufen. Er meldete dem König, daß er einen kostbaren Diamanten vermisse.
Der König ließ sein Gefolge zum Geschäft zurückkommen. Er bat den Juwelier, einen Krug zu besorgen, und zwar mit Salz gefüllt. Dann forderte er seine Leute auf, daß jeder seine Faust in den Krug stecke und die geöffnete Hand herausziehe.
Nachdem das alle getan hatten, leerte man das Salz auf den Tisch. Und siehe da, der Diamant kam zum Vorschein.

Dieser König war großherzig. Er wollte dem Dieb die Gelegenheit geben, seinen Betrug wiedergutzumachen, ohne öffentliche Schande für ihn.
So macht es auch Christus mit uns. Solange wir auf Erden sind, können wir immer wieder durch die unauffällige Ohrenbeichte seine Vergebung bekommen.

76. Warum sollen wir unsere Sünden bereuen?

Weil unsere Sünden Gott beleidigt haben, der unendliche Güte ist.

Raubmord

Portugal 1910.
Es hatte eben Mitternacht geschlagen vom Turm der Stadtpfarrkiche. Pfarrer Ribeira wollte seinen Arbeitsraum verlassen, als es unten läutete. Wahrscheinlich ein Schwerkranker, dachte er.
Als er die Haustür öffnete, trat ein Mann ein, den Hut tief ins Gesicht gezogen, und sagte kurz entschlossen: „Ich möchte beichten."
Trotz der späten Stunde antwortete der Pfarrer: „Meinetwegen."
Im Besuchszimmer bekannte der Mann: „Ich klage mich an, daß ich eben Raubmord begangen habe."
Der Priester schaute ihn ernst an. „Können Sie das auch *bereuen*?"
„O ja, es war falsch, ich hätte es nicht beim Bahnhof machen sollen. Es hat mich nämlich einer gesehen und schon die Polizei alarmiert."
„Aber daß Sie *Gott* schwer beleidigt haben, das stört Sie nicht?" mahnte der Priester.
„Überhaupt nicht."
„Dann kann ich Sie nicht lossprechen."
„Macht nichts. Hauptsache, Sie müssen jetzt schwei-

gen — denn mein Verbrechen dürfen Sie ja wegen des Beichtgeheimnisses nicht weitersagen. Und übrigens lasse ich Ihnen meine Pistole und den gestohlenen Geldbeutel hier. Das werde ich später wieder abholen. Adios!"

Der Mann sprang aus dem Fenster in den Garten und verschwand in die Nacht.

Kaum war er weg, läutete es wieder stürmisch. Der Pfarrer hatte nur Zeit, Geldbeutel und Pistole unter seinen Papieren verschwinden zu lassen, bevor er öffnete.

Ein paar uniformierte Gendarmen traten ein, und der Polizeioffizier sagte ohne Gruß: „In der Nähe des Bahnhofs wurde vor einer Stunde ein Mann ermordet und beraubt. Wir haben die Spur durch Hunde bis hierher verfolgt. Was haben Sie zu der Sache zu sagen?"

„Ich weiß nichts davon", stammelte der Priester totenbleich.

„Sie scheinen ein schlechtes Gewissen zu haben", schnarrte der Leutnant. „Wir müssen Ihre Wohnung durchsuchen."

Es dauerte nicht lange, bis das Geld und die Waffe gefunden wurden.

„Wie kommen die Sachen hierher?" fragte der Gendarm.

„Darüber kann ich nichts sagen", erwiderte der Pfarrer.

„Machen wir kein dummes Geschwätz. Sie sind verhaftet."

Pfarrer Ribeira wurde wegen Raubmord zu lebenslänglicher Zwangsarbeit verurteilt.
Sechs Jahre später, im Ersten Weltkrieg, wurde ein Soldat schwer verwundet ins Notlazarett gebracht. Er verlangte einen Priester. Nach seiner Beichte bekannte er vor drei Offizieren, daß er der Raubmörder sei, für den Pfarrer Ribeira fälschlich verurteilt worden war.
So wurde der Priester nach sechs Jahren Zwangsarbeit endlich frei, nachdem seine Unschuld erwiesen war.

---

77. Was geschieht beim Krankensakrament?

    Der Schwerkranke wird mit Öl gesalbt zu seiner Stärkung.

„Ich widerrufe"

„Kein Priester am Sterbebett!" So lautete das neue Gesetz der Freimaurer. Dieser Geheimbund war im letzten Jahrhundert sehr gegen die Kirche eingestellt.
Verhaegen, der Großmeister der belgischen Freimaurer, hatte das neue Gesetz sehr schlau ausgedacht. Damit künftig kein kranker Freimaurer den Besuch eines Priesters erhalten konnte, sollten drei andere Freimaurer bei seinem Bett Wache halten. Nun wollte Verhaegen das neue Gesetz auch in

Frankreich und Italien durchsetzen. Dafür reiste er von Stadt zu Stadt und hielt mit großem Erfolg Vorträge.

Als er von Italien zurückkehrte, mußte er im strengen Winter 1862 über die Alpenpässe. Im Wagen, Schlitten und auf Maultieren erreichte er endlich den Mont-Cenis-Paß. Halb erfroren trat er in die Herberge und bestellte einen heißen Trank.

Ein Mädchen brachte ein Glas Grog. Verhaegen konnte es kaum erwarten. Hastig stürzte er den Grog hinunter. Plötzlich ein Aufschrei, und mit einem Satz sprang Verhaegen auf. Der Trank war glühend heiß gewesen, er hatte nicht darauf geachtet. Verbrannt waren Kehle, Schlund und Magen.

In größter Eile ging die Reise nach Brüssel. Die besten Ärzte der Stadt wurden sofort herbeigerufen. Aber sie konnten nur noch bedenklich den Kopf schütteln. Hier war nicht mehr zu helfen.

Am zweiten Tag nach seiner Ankunft in Brüssel verlor Verhaegen alle Hoffnung auf Genesung. Denn ungerufen traten an diesem Tag drei Freimaurer in sein Zimmer. Sie hielten Wache mit eisernen Gesichtern, ohne ein Wort zu sprechen. Da überfiel Verhaegen ein Ekel vor dieser Religion der Finsternis und bald eine Riesensehnsucht nach der Religion seiner Kindheit: nach der Kirche Christi.

Er rief nach einem Priester, aber die drei Wächter hatten die Tür schon verriegelt, und der Priester kam nicht durch. So starb Verhaegen ohne Lossprechung und ohne die seelische Stärkung der Krankensalbung.

Am Tag seiner Beerdigung fand man Spuren seines einsamen Todeskampfes. In die Tapete hatte er mit den Fingernägeln geritzt:
„Ich bereue und widerrufe.
Verhaegen."

---

78. Was ist die Aufgabe des geweihten Priesters?

    Das Heilswerk Christi fortzuführen durch Wort, Sakrament und Beispiel.

Am Donaukanal

1950 wollten die Russen in Rumänien einen Riesenkanal bauen. Dieser sollte eine weitere Wasserstraße zwischen Donau und Schwarzem Meer sein. Die Kommunisten waren sehr stolz darauf.
200 000 Gefangene arbeiteten daran. Jeder von ihnen mußte täglich acht Kubikmeter Erde mit Handgeräten ausgraben. Unter den Schlägen der Aufseher zogen sie volle Handkarren steile Hänge empor. Im Winter fiel die Temperatur bis minus 25 Grad.
Und doch ist in dieser Hölle auch Schönes geschehen.
Ein junger katholischer Priester, Pater Cristea, wurde von einem Spitzel besonders gehaßt. Dieser fragte ihn:
„Warum hältst du deine Augen so oft geschlossen?

Betest du etwa? Ich fordere dich auf, die Wahrheit zu sagen. Glaubst du immer noch an Gott?"

Ein Ja würde mindestens Peitschenschläge bedeuten. Doch Pater Cristea zögerte nicht: „Ja, ich glaube an Gott!"

Der Spitzel eilte zum Leutnant. Der kam herüber und befahl dem Priester vorzutreten. Cristea war mager und am Ende seiner Kräfte. Er zitterte in seiner zerlumpten Kleidung. Der Leutnant war wohlgenährt, in einen Mantel gehüllt und trug eine russische Fellmütze. „Ich hörte, daß Sie an Gott glauben", sagte er.

Cristea antwortete: „Als ich geweiht wurde, wußte ich schon, daß viele Priester ihren Glauben mit dem Leben bezahlt hatten. Sooft ich mich dem Altar näherte, versprach ich Gott: Ich diene dir jetzt in schönen Gewändern, doch selbst wenn man mich ins Gefängnis werfen sollte, will ich dir immer noch dienen. — Herr Leutnant, Gefängnis ist kein Argument gegen den Glauben. Ich glaube an Gott."

Die Stille, die jetzt eintrat, wurde nur durch das Rauschen des Windes unterbrochen. Dem Leutnant schienen die Worte zu fehlen. Schließlich sagte er: „Und halten Sie auch zum Papst?"

Die Antwort war: „Seit dem heiligen Petrus hat es immer einen Papst gegeben, und es wird immer wieder einen geben, bis Jesus wiederkommt. Ja, ich halte zum Papst."

Pater Cristea wurde eine Woche lang in den Karzer eingesperrt, wo man immer stehen muß und nicht schlafen kann. Er wurde auch stark geschlagen. Als er sich dann immer noch weigerte, seinen Glauben zu verleugnen, wurde er weggebracht. Seitdem hat man nichts mehr von ihm gehört.

---

79. Was bewirkt das „Jawort" der Partner beim Empfang des Ehesakramentes?

Mann und Frau werden untrennbar verbunden zur Gründung einer Familie.

„Mors sola"

Katharina Jagello war die Frau des finnischen Herzogs Wasa. Als dieser wegen Hochverrates zu lebenslänglichem Kerker verurteilt wurde, bat sie den schwedischen König Erich, mit ihrem Mann die Gefangenschaft teilen zu dürfen. Der König war entsetzt und suchte sie davon abzubringen.
„Wissen Sie, daß Ihr Mann das Tageslicht nicht mehr sehen wird?"
„Das weiß ich, Majestät!"
„Und wissen Sie auch, daß er nicht mehr als Herzog behandelt wird, sondern als Hochverräter?"
„Ja, das weiß ich, doch ob frei oder gefangen, ob schuldig oder unschuldig, er bleibt trotzdem mein Mann."
„Aber nach all dem bindet Sie nichts mehr an ihn. Sie sind jetzt wieder frei!"

Katharina zog ihren Ehering vom Finger und reichte ihn dem König mit den Worten: „Lesen Sie, Majestät!" Auf dem Ring standen nur zwei lateinische Worte: MORS SOLA — „Der Tod allein" kann uns trennen!

Katharina ging mit ihrem Mann ins Gefängnis und teilte 17 Jahre die Leiden und Entbehrungen der Gefangenschaft mit ihm, bis König Erich starb und ihr Mann wieder frei wurde.

---

80. Woran erkennt man, daß die Liebe echt ist?

Daran, daß sie das wahre Glück des anderen sucht.

Ein goldenes Herz

Ein alter, erfahrener Richter machte seinen Abendspaziergang. Im Stadtpark traf er einen jungen Bekannten.

„Grüß dich, Paul", sagte der alte Herr. „Ich habe gehört, du willst bald heiraten. Das ist schön. Sag mir, wie ist sie denn, deine Zukünftige?"

„Ach, das ist ein prächtiges Mädchen", sagte der Junge. „Bildschön!"

Der Richter holte ein Notizbuch aus seiner Tasche und schrieb eine Null.

„Und weiter?"

„Ja, sie ist auch sehr gescheit."

Da schrieb der Richter eine weitere Null.
„Im Herbst bekommt sie eine gutbezahlte Stelle."
Wieder eine Null. Und so ging das weiter, bis zur sechsten Null.
„Übrigens", fügte Paul hinzu, „hat meine Braut ein goldenes Herz. Ich habe oft gemerkt, daß sie immer da ist, wo Hilfe gebraucht wird."
Da schrieb der Richter eine *Eins* vor die sechs Nullen und schlug sein Büchlein zu. Dann drückte er dem jungen Mann herzlich die Hand: „Ich gratuliere, Paul! Deine Braut ist eine *Million* wert! Mit ihr kannst du es ein Leben lang wagen."

Im Bahnhof von Mount Clemens geht eben eine Morsebotschaft ein. Connors, der Bahnhofsvorsteher, wird blaß.
„Die Brücke ist eingestürzt!" ruft er seinen Kollegen zu. „Der Zug Nr. 7! Er wird in zehn Minuten dort sein. Das ist furchtbar! Die werden alle umkommen!"
Der fünfzehnjährige Lehrling Edison hört gespannt zu. Wenn man nur mehr Zeit hätte. Aber schon zeigt die Uhr nur noch neun Minuten. Auf einmal springt er auf.
„Meine Schwester ist im Zug Nr. 7. Sie soll heute abend heimkommen. Wenn ich sie nur erreichen könnte."
Connors schüttelt den Kopf. „Es ist zu spät. Der Zug hat schon den letzten Bahnhof verlassen. Mein Gott, das wird schrecklich sein!"
Der Junge gibt nicht auf. Sein Gehirn arbeitet fieberhaft.
„Jetzt weiß ich's! Schnell! Eine Dampflok! Ich brauche sofort eine Dampflok in Richtung Brücke. Ich werde mit den Dampfpfeifen meiner Schwester eine Botschaft übermitteln. Meine Schwester versteht Morse."
Der Bahnhofsvorsteher zögert. „Deiner Schwester wird man doch nicht glauben."
„Nur noch acht Minuten", ruft der Junge. „Schnell, es ist unsere einzige Chance!"
Connors will es versuchen. Er ruft den Heizer einer Lok, die beim Rangieren ist.
„Jack, nimm den Jungen mit, und mit Volldampf

zur Brücke. Aber rechtzeitig halten! Die Brücke ist eingestürzt."

Edison springt auf die Lokomotive, und los geht's. Connors sieht sie in der Kurve verschwinden und schaut auf die Uhr: noch viereinhalb Minuten.

Zwei Kilometer vor der Brücke fängt Edison an, wie besessen am Griff der Dampfpfeifen zu ziehen. Blitzschnell kommen die schrillen Töne in Morsezeichen: „Brücke eingestürzt — halten! Brücke eingestürzt — halten!"

Im Zug Nr. 7 unterhalten sich die Leute ahnungslos. Da meint ein älterer Herr: „Ein Lokführer muß übergeschnappt sein!" Doch ein junges Mädchen hört aufmerksam zu.

„Das sind Morsezeichen", ruft sie. Und dann spricht sie vor sich hin: „Brücke ein-ge-stürzt. Hal-ten. — Halten! Wir sollen halten!! Die Brücke ist eingestürzt!"

Der alte Herr mit dem Schnurrbart wird ärgerlich. „Damit soll man keinen Spaß treiben, meine junge Dame. Der Zug hält nur im äußersten Notfall."

Immer deutlicher hört man die verzweifelten Signale. Es ist nur noch ein Kilometer bis zur Katastrophe.

„Aber das ist kein Spaß!" schreit das Mädchen. „Die Brücke ist eingestürzt. Wir müssen sofort halten. Das sind Morsezeichen. Ich kenne sie."

Sie will den Griff der Notbremse ziehen, aber sie ist zu klein. Verzweifelt schlägt sie die Hände vors Gesicht.

Da ruft eine elegante Dame dazwischen: „Das ist ja verrückt! Das kann doch nicht wahr sein."

Doch der alte Herr ist beeindruckt. „Bist du sicher?" fragt er das Mädchen.
„Ganz sicher. Aber schnell!"
Da springt der Herr auf, und mit einem kräftigen Ruck zieht er die Notbremse.
Die Räder quietschen fürchterlich. Der Zug kommt zum Stehen.
Es sind nur noch etwa 20 Meter bis zum Abgrund.

Eines in dieser Geschichte kann uns viel zu denken geben: Hätte der alte Herr an die rettende Botschaft nicht geglaubt, dann wären er und alle Mitreisenden verloren gewesen.
Wenn wir erkennen, daß Gott zu uns gesprochen hat, und wenn wir trotzdem an seine rettende Botschaft nicht glauben wollen, dann könnte es passieren, daß wir — aus eigener Schuld — auch verlorengehen.

---

82. Wie lautet die rettende Botschaft Gottes?

Sie lautet: Jesus liebt uns und wartet auf unsere Gegenliebe

Nicky Cruz in Berlin

Berlin, 1982.
Vor 80 000 Leuten, die im Olympiastadion versammelt waren, erzählte Nicky Cruz aus seinem Leben:

Ich war acht Jahre alt, als meine Mutter mich verstoßen hat. Sie sagte mir, ich sei ein Sohn des Teufels und daß sie mich nicht liebte. Das hat mir sehr weh getan, daß ich dachte: „Ich werde nie mehr lieben und nie mehr weinen."

Als ich in New York aufwuchs, wurde ich zum Führer einer Jugendbande: der Mau-Maus.

Wir schossen auf die Leute von den Dächern herunter, kämpften mit anderen Banden und wurden immer wieder von der Polizei eingesperrt. Meine Bande — wir waren etwa 300 — war in ganz New York gefürchtet. Vor mir hatten alle Respekt, weil ich furchtlos war und grausam mit meinen Feinden.

Eines Tages dann geschah etwas, was ich nie vergessen werde.

Ich hatte meine Bande in ein Tanzlokal mitgenommen. Ich tanzte eben mit meiner Freundin, als die Tür aufging, und herein trat David Wilkerson. David war ein kleiner Pfarrer vom Land, der manchmal in unserem Viertel Straßenpredigten hielt. Ich konnte ihn nicht ausstehen. Als ich ihn sah, packte mich die Wut. Was wollte er hier? Er hatte da überhaupt nichts zu suchen. Ich ging zu ihm hin und schlug ihm ins Gesicht: „Prediger", schrie ich ihn an, „schau, daß du hier rauskommst, wenn du am Leben bleiben willst!"

Da sagte David: „Ist gut, ich gehe schon. Ich wollte dir bloß eines sagen: Nicky, Jesus loves you! Jesus liebt dich!" Und fort war er.

Zwei Wochen lang wurde ich Tag und Nacht von diesem Wort verfolgt: „Jesus liebt dich!" Als ich dann hörte, daß David zu der Jugend sprechen sollte, steckte ich meinen Revolver in die Tasche und ging zum Treff hin.

David sagte Dinge, die ich noch niemals gehört hatte, was Jesus alles für uns gelitten hat, als er in die Hände seiner Feinde geriet. Ich wußte ganz genau, was es heißt, in die Hände der Feinde zu geraten. David erzählte, wie die Feinde Jesu ihn behandelt haben. Daß sie ihn grausam geschlagen haben, ihn angespuckt und ihn gekreuzigt haben.

Ich wurde ärgerlich. Ich dachte: Wenn ich mit meinen Mau-Maus dabeigewesen wäre, wäre das nicht passiert. Wir hätten ihn schon herausgeholt. Aber David sagte, daß Jesus leiden *wollte*, um unsere Sünden zu bezahlen.

Ich war wie vom Blitz getroffen. Konnte das wahr sein? Wie konnte Jesus mich so lieben? Doch dann wußte ich: Wer bereit ist, so viel zu leiden, der muß wirklich lieben.

Also habe ich mit Jesus gesprochen: „Jesus, liebst du mich? Liebst du mich wirklich, so wie ich bin? Oh, Jesus, wenn du mich wirklich liebst, dann werde ich dich auch lieben. Ich werde dir mein ganzes Leben geben!"

Kaum hatte ich das gesagt, ist die Hölle der Bitterkeit und des Hasses aus meinem Herzen gewichen. Ich war frei, frei wie ein Vogel im blauen Himmel.

83. Hat Jesus uns gesagt, *wie* wir ihn lieben können?

Ja, er sagte: „Wer meine Gebote hält, der liebt mich."

Wer ist am Apparat?

Rosie, eine Engländerin, erzählt:
Als ich eine junge Frau war, arbeitete ich in einer Armeekantine. Ich hatte einen Arbeitskollegen, der ein großer und schöner Mann war. Er hieß William. Er war immer sehr freundlich zu mir, und ich mochte ihn gern. Bevor wir wußten, was mit uns passierte, waren wir Hals über Kopf ineinander verliebt. Leider war William verheiratet und hatte drei Kinder. Aber ich konnte mir ein Leben ohne ihn nicht mehr vorstellen. Ich brachte es fertig, daß er seine Familie im Stich ließ und zu mir kam. Bald wurden uns Zwillinge geboren: zwei Mädchen, Margaret und Denise. William mußte also für zwei Familien aufkommen. Seine Mittel reichten aber nicht aus. Seine Gesundheit war auch angeschlagen, und die Sorgen und Probleme machten es nicht besser. Auf einmal war ich wieder schwanger, und William ist noch vor der Geburt des Kindes an einem Herzschlag gestorben.
Das Kind war wieder ein Mädchen, und ich gab ihr den Namen Judy. Sobald die Krankenschwester es mir in die Arme legte, hatte ich es unheimlich lieb. Es war mein Fleisch und Blut, meine kleine Judy.

Doch es war eine furchtbare Zeit. Ich mußte schwer arbeiten, und wenn ich nach Hause kam, nachdem ich meine drei Kleinen vom Kinderhort abgeholt hatte, war ich so erschöpft, daß ich nur noch auf dem Boden liegen konnte und die Kleinen über mich krabbeln ließ.

Das Geld reichte nicht aus. Die Kräfte reichten nicht aus. Von allen Seiten wurde mir gesagt: „Das Baby ist zu viel für Sie. Geben Sie es zur Adoption frei." Mir zerriß es das Herz.

Aber was blieb mir übrig? Meine Gesundheit war dahin. Ich hatte ständig Depressionen. Ich konnte nicht mehr zwischen Alpträumen und Wirklichkeit unterscheiden. Die Sozialarbeiterin hatte durch eine Organisation eine Familie gefunden, die ein Kind adoptieren wollte. Ich brach zusammen, unterzeichnete — und weg war meine kleine Judy.

Es war ein harter Kampf, die Zwillinge allein großzuziehen. Sie bekamen keine neuen Sachen anzuziehen, und ich hatte weder Zeit noch Kraft, mit ihnen zu spielen oder Geschichten zu erzählen. Durch die zufällige Bemerkung einer Nachbarin erfuhren sie als Neunjährige, daß sie eine kleine Schwester hatten.

Sie fragten mich, wo sie wäre, und ich mußte zugeben, daß ich es nicht wußte. Da fingen sie an, trostlos zu weinen. „Unsere kleine Schwester ist verloren." Für mich war es auch eine nie heilende Wunde. An ihrem Geburtstag und an Weihnachten waren meine Gedanken bei Judy. Ob es ihr gut ging? Ob sie glücklich war?

Die Jahre vergingen. Ein neues Gesetz kam heraus, daß adoptierte Kinder ihre natürlichen Eltern aufsuchen durften, sobald sie 18 Jahre waren.

An Judys 18. Geburtstag hielt ich es nicht mehr aus. Ich stieg in den Zug nach London, denn ich wußte, daß sie höchstwahrscheinlich dort lebte. Es war das erste Mal, daß ich in dieser riesigen Stadt weilte. Ich lief von einer Stelle zur anderen in der Hoffnung, die Adresse meiner Tochter zu bekommen. Ich schlief frühmorgens einige Stunden im Bahnhof und suchte dann weiter. Als ich nach Hause zurückkehrte, war ich total erledigt.

Immer wieder schrieb ich an die Adoptions-Organisation, die Judy vermittelt hatte. Aber sie wollten mir keine Einzelheiten geben: Judy hatte das Recht, mich zu suchen, aber nicht umgekehrt. Ich wollte mich nicht in die Angelegenheiten meiner Tochter einmischen, aber ich konnte Tag und Nacht keine Ruhe finden, bis ich wußte, ob sie glücklich war.

Einige Jahre später erfuhr ich, daß ein Sozialarbeiter namens John Stroud in der Zeitung öfter über schwere Familiensituationen berichtete. Er hatte sich mein Anliegen zu Herzen genommen, und bald fand er heraus, wo Judy wohnte. Sie war inzwischen glücklich verheiratet und hatte selbst ein dreijähriges Mädchen.

Natürlich hat John mir das nicht verraten. Er mußte erst wissen, ob meine Tochter mich treffen wollte. Sie war überglücklich. Judy sagte zu ihm: „All diese Jahre habe ich an meine Familie gedacht — und jetzt werde ich sie finden!" Aber sie wollte zuerst ihre Adoptiveltern fragen. Diese waren äußerst großmütig und gaben ihrer Tochter volle Freiheit. Dann war es soweit.

Judy rief ihre Familie an, nur Margaret war daheim. „Wer ist am Apparat?" fragte Margaret.

„Ich bin Judy, deine kleine Schwester." Darauf kam keine Antwort. Judy hörte nur, wie jemand am anderen Ende des Drahtes schluchzte. Margaret konnte kaum ein Wort sprechen. Judy sagte nur, sie würde um 19 Uhr ihre Mutter anrufen.

Für mich war es überwältigend, die Stimme meiner Tochter zu hören: „Mutti, ich bin es, Judy!"

Es gab ein wunderbares Wiedersehen.

Jetzt besuchen wir uns ein paarmal im Jahr. Judy versteht sich prächtig mit ihren zwei Schwestern. Sie wurde sogar von unserer Nachbarin mit ihrer Schwester Denise verwechselt, so ähnlich sehen sie sich. Und ich habe jetzt Frieden. Ja, seitdem mir Judy verziehen hat, weiß ich, daß Gott mir auch verziehen hat. Denn Gott hatte ich schwer beleidigt, nicht, indem ich Judy weggegeben hatte, sondern indem ich William seiner Familie genommen habe.

Beim Einkaufen sehe ich manchmal die Frau von William. Immer wieder möchte ich sie ansprechen, aber bis jetzt hatte ich noch nicht den Mut dazu. Vielleicht wird es einmal soweit sein.

84. Warum ist das Kreuz lehrreicher als alle Bücher der Welt?

Weil es die größtmögliche Liebe zeigt: Liebe bis zum Ganzopfer.

Eine russische Legende

Zwei gefährliche Verbrecher, die viele Raubmorde begangen hatten, wurden von einem Einsiedler bekehrt. Die zwei bekannten ihre vielen Bosheiten und fragten, was sie als Wiedergutmachung tun könnten.

Der Mann Gottes sagte, sie sollten ins Heilige Land pilgern, und zwar mit einem schweren Kreuz aus Holz auf den Schultern. Bald waren die großen Kreuze bereit, und die Neubekehrten machten sich auf den Weg.

Am Anfang ging alles gut. Die Kreuze waren zwar schwer, aber die Kräfte waren noch unverbraucht. Nach einigen Tagen aber wurden die Schultern wund vom ständigen Reiben des rauhen Holzes.

Da kamen sie auf die Idee, die Kreuze auszubessern. Sie hielten in einem Dorf und gingen in die Werkstatt eines Zimmermannes. Der eine sägte den unteren Teil des langen Balkens ab und sagte: „Jetzt ist es viel kürzer, und es ist immer noch ein Kreuz."

Der andere wollte sein Kreuz nicht kleiner machen, nur dünner. Er sägte es der Länge nach durch und machte also zwei Kreuze aus einem. Eins davon ließ er liegen. Dann sagte er: „Jetzt ist es viel leichter, und es ist immer noch ein Kreuz."

So konnten sie viel besser laufen. Und das war gut, denn sie kamen bald in eine Felsenwüste, wo sie nichts zu essen fanden. Sie mußten drei Tage lang ohne jegliche Nahrung gehen. Am vierten Tag sahen sie eine schöne Stadt am Horizont und freuten sich sehr. Sie liefen, so schnell sie konnten in ihrem geschwächten Zustand.

Gegen Abend standen sie vor einem unerwarteten Hindernis: Ein tiefer Kanal versperrte ihnen den Weg. Und keine Brücke weit und breit. Sie waren erschöpft und verzweifelt, denn keiner konnte schwimmen. Da fiel einem der beiden ein: „Wir können unsere Kreuze als Notbrücke benützen." Aber siehe da: Das eine Kreuz war zu kurz. Das andere war zwar lang genug, aber zu dünn. So gingen die zwei elendig zugrunde.

Wir sind auch manchmal versucht, unser Kreuz zu halbieren. Aber der Herr hat sein Kreuz nicht halbiert. Er hat es *ganz* getragen bis ans Ende.

85. Können wir Gott lieben und die Menschen, seine Kinder, hassen?

Nein, denn wer jemanden liebt, der liebt auch seine Kinder.

Freund oder Feind?

Eine Französin erzählt, wie sie den amerikanischen Angriff in dem von Hitler besetzten Frankreich erlebt hat:
Es war in der Nacht vom 5. auf den 6. Juni 1944. Ich war damals elf Jahre alt und saß mit meiner Familie noch spät am Abend in der Küche. Unser Haus lag einsam weit außerhalb des Dorfes. Im Küstengebiet der Normandie in Frankreich war alles ruhig.
Plötzlich hörten wir das Dröhnen von Flugzeugen. Es mußten viele sein. Fünf Minuten vergingen. Auf einmal wurde die Küchentür aufgerissen, und ein Mann mit rußgeschwärztem Gesicht drohte uns mit einem Maschinengewehr. Wir erstarrten alle, mehr aus Staunen als aus Schreck.
„Freund oder Feind?" rief der Mann. Sein amerikanischer Akzent war leicht zu erkennen. Da sagte mein fünfjähriger Bruder Claude: „Wir sind doch alle Freunde."
Die Gesichtszüge des Fremden entspannten sich.
„Und woher kommen *Sie*?" fragte der Vater.
„Ich komme vom Himmel — mit dem Fallschirm"; grinste der Amerikaner.

„Ist das die lang erwartete Invasion?" rief der Vater.
„Ja, das ist sie", antwortete der amerikanische Soldat.
Damit die englischen und amerikanischen Schiffe in Frankreich erst einmal landen konnten, wurden in dieser Nacht Tausende von Fallschirmjägern abgeworfen.
Zwei verwundete Amerikaner, die sich beim Absprung verletzt hatten, nahmen wir in unsere Familie auf und brachten sie im ersten Stock unter: ein Leutnant, der im Bett bleiben mußte mit einer Infektion an seinem gebrochenen Bein; der andere, Kerry, ein sympathischer Riese, konnte humpeln, er hatte nur einen schwer verstauchten Fuß.
Als ich am nächsten Morgen aufstand, sah ich von meinem Dachfenster aus, wie sich drei Männer dem Haus näherten. Ein Offizier stützte zwei schwerverwundete Soldaten. Da stürzte ich die Treppe hinunter und rief meinen Vater. Der schaute aus dem Küchenfenster und sagte: „Es sind Deutsche. Mit denen will ich nichts zu tun haben."
Doch die Mutter antwortete: „Zwei sind schwer verwundet. Wir *müssen* ihnen helfen. — Genoveva, hole ein großes Bündel Stroh herein, wir legen sie in die Küche. Und den Fallschirm aus dem Keller, den breiten wir als Bettuch auf das Stroh." So machten wir es.
Die Deutschen standen schon vor der Tür. Sie waren nicht bewaffnet. „Madame, der Junge hat viel Blut verloren", sprach der Offizier mit flehender Stimme. Die Mutter tat, was sie konnte, um die zwei

Schwerverwundeten zu pflegen. Ich kochte Kaffee und gab ihnen zu trinken.

In diesem Augenblick tritt Kerry humpelnd in die Küche herein. Er hat keine Waffen bei sich. Er schweigt. Er staunt. Kerry hat noch nie einen Deutschen gesehen. Aber er begreift sofort, was los ist. Kerry und der deutsche Offizier beobachten sich und schweigen immer noch. Dann, ganz spontan, streckt der Deutsche dem Amerikaner die Hand entgegen. Kerry zögert einen Bruchteil von Sekunden. Sein Blick kreuzt sich mit dem der Mutter, die leicht mit dem Kopf nickt. Der sanfte Riese nimmt die ausgestreckte Hand an. Beide Männer schauen sich lang an, mit freundlichem Blick.

Bei uns gibt es keine Feinde mehr. Es gibt nur Menschen, die leiden.

Der Deutsche und der Amerikaner sind sich gleich sympathisch. Verblüfft schaue ich die beiden an. Jetzt trinken sie zusammen Kaffee am Küchentisch. Und doch sollten sie einander niederschießen, einander umbringen, wie ihre Landsleute sich draußen umbringen. Aber hier in unserem einsamen Haus ist alles anders. Es ist das Haus der Kinder Gottes.

86. Gibt es neben den leiblichen Werken der Barmherzigkeit auch andere?

Ja, etwa Unwissende belehren, Traurige aufmuntern und lästige Leute ertragen.

Erzählen als Heilkunst

Traurige aufmuntern

Einmal starb ein Ire ganz unverhofft, und er stand plötzlich vor dem göttlichen Richter. Er hatte furchtbare Angst, denn er hatte in seinem Leben wenig Gutes getan. Eine ganze Reihe war noch vor ihm; alle mußten sie Rechenschaft ablegen.

Christus schlug in dem dicken Buch nach und sagte zum ersten: „Da steht: Ich hatte Hunger, und du hast mir zu essen gegeben. Bravo! Ab in den Himmel." Zum zweiten: „Ich hatte Durst, und du hast mir zu trinken gegeben." Zum dritten: „Ich war im Gefängnis, und du hast mich besucht." Und so fort.

Bei jedem, der in den Himmel befördert wurde, machte der Ire eine Gewissenserforschung, und jedesmal kam ihm das Zittern: er hatte weder zu essen noch zu trinken gegeben und hatte keine Gefangenen und keine Kranken besucht.

Nun kam er an die Reihe. Er blickte auf Christus hin, der in seinem Buch nachschlug, und zitterte vor Angst. Aber Christus blickte auf und sagte: „Da steht nicht viel geschrieben. Aber etwas hast du auch getan: Ich war traurig, und du hast mir lustige Geschichten erzählt. Ich war niedergeschlagen, und du hast mich zum Lachen gebracht und mir Mut gegeben. In den Himmel."

Auch wenn diese Geschichte erfunden ist, macht sie doch klar, daß man keine Gelegenheit zum Lieben und Frohmachen verpassen soll.

---

87. Warum wollte Gott, daß seine Kinder sich gegenseitig brauchen?

    Damit sie in der Liebe leben, das heißt in Gott.

Was eine Mutter fertigbringt!

Ein dreißigjähriger Italiener erzählt:
Meine Schwester und ich wohnen im gleichen Stadtteil. Und doch sehen wir uns selten.
In ihren Briefen stellt meine Mutter immer die Frage: „Wann hast du deine Schwester zum letzten Mal gesehen?" Nachdem ich ihr zurückschreiben mußte: „Vor drei Monaten", entschied sich die Mutter zu handeln.
Und so bekam ich kurz danach eine seltsame Post. Die Mutter schickte mir nämlich die Seiten eins und drei eines Briefes, der an uns beide gerichtet war. Da wußte ich: Meine Schwester hat die fehlenden Seiten zwei und vier.

Seitdem bekommen wir monatlich je einen halben Brief. Und wir freuen uns jedesmal, bei dieser Gelegenheit einen gemeinsamen Abend zu verbringen. Das konnte nur Mutter fertigbringen!

---

88. Was heißt: „Ihr" — die Christen — „seid das Licht der Welt."?

    Es heißt: Eure Güte macht die Güte eures Vaters glaubwürdig.

Wladimir, ein orthodoxer Christ

Wladimir Lindenberg war Arzt in Bonn in den dreißiger Jahren. Als Gegner Hitlers wurde er zu vier Jahren Konzentrationslager verurteilt. Hören wir ihn selbst, wie er von einem Aufseher in diesem Arbeitslager erzählt:
Wir nannten ihn „Flabbes". Er hatte eine hübsche Reitpeitsche und benützte sie fleißig. Mit Vorliebe schlug er auf die Beine. Das tat entsetzlich weh. Die Peitsche pfiff, und dann spürte man einen scharfen Schmerz; oft platzte die Haut und blutete. Er sah bei dieser Aktion völlig harmlos aus, wie eben Jungen, wenn sie einem wehrlosen Tier Schmerz zufügen. Dann ging er weiter, zu einem anderen Opfer.
Als ich beim Umgraben einmal innehielt, um Atem zu holen, sprang Flabbes auf mich zu, bereit, mir einen Peitschenhieb zu versetzen. Ich hatte ihn

nicht kommen hören und richtete mich erstaunt auf. In diesem Augenblick schaute Flabbes mir ins Gesicht und stutzte. Zuerst wußte er nicht, was er sagen sollte, dann rief er: „Kenne ich Sie, Sie kommen mir so bekannt vor?"
Ich sagte nur: „Ich weiß nicht."
Er ließ nicht locker. „Doch, ich muß Sie kennen! Waren Sie früher in Bonn?"
„Ja."
„Sind Sie Arzt?"
„Ja, das bin ich."
„Dann haben Sie meiner Frau das Leben gerettet! Wissen Sie noch? Ich kam eines Nachts zu Ihnen in Ihre Wohnung. Meine Frau hatte fürchterliche Leibkrämpfe, und ich lief wie verrückt von einem Arzt zum anderen und traf keinen an, oder keiner öffnete mir. Da kam ich zu Ihnen. Sie machten auf und fuhren sofort mit mir nach Endenich. Sie stellten Blinddarmentzündung fest, und da keine Zeit zu verlieren war, brachten Sie sie ins Krankenhaus. Sie wurde sofort operiert, es war kurz vor dem Durchbruch. Dann brachten Sie mich noch nach Hause. — Aber was machen Sie denn hier unter den Verbrechern?"
„Wie Sie sehen, bearbeite ich das Emsländer Moor. Und was Sie Verbrecher nennen, das sind Lehrer und Professoren, Apotheker, Studenten, Pfarrer und Politiker. Sie mögen uns Verbrecher nennen, wir betrachten uns nicht als solche."
Er war ganz verwirrt, sein Weltbild brach zusammen. Nach dieser Begegnung hatte sich der Auf-

seher gewandelt. Zwar schlug er sich im Gehen mit der Peitsche gegen den Stiefelschaft, aber er hatte aufgehört, die Kameraden damit zu traktieren.

---

89. Besteht die wahre Liebe nur in schönen Worten und Gefühlen?

    Nein, sondern in dem festen Entschluß, dem Geliebten zu gefallen.

Liebesbrief

Ein junger Bursche schreibt einen Liebesbrief an seinen Schatz:
„I hab' Dich sooo gern! Ich ging' für Dich durchs Feuer, den höchsten Berg würd' i für Dich besteigen, den breitesten Fluß durchschwimmen. Also, morgen abend komm' i, *wenn's nicht regnet.*"

Unsere Liebe zu Gott soll nicht nur in großen Worten bestehen.

90. Welches ist die wichtigste Entscheidung im Leben des Menschen?

Es ist die Entscheidung, sich selbst anzubeten oder Gott anzubeten.

Ein Märchen aus Afrika

Am Anfang der Welt schuf Gott die Blumen, die Bäume, die Tiere und den Menschen. Als er damit fertig war und sich etwas ausruhen wollte, hörte er einen schrillen Laut, durchdringend und ungeduldig: „Pii-jip! Pii-jip!" Da schaute er sich um und erblickte einen roten Vogel, der auf einem kleinen Grashalm schaukelte.

„Ich bin gar nicht zufrieden, Großer Gott", piepste der kleine Vogel; „du weißt doch, da ist die alte Katze, die mich ständig jagt!"

„Wenn du willst", sagte Gott, „verwandle ich dich in eine Katze."

Der kleine Vogel stimmte zu — und im Handumdrehen ward aus ihm eine große Katze mit langen Barthaaren und scharfen Krallen. „Ich bin eine schöne Katze", sagte sie und miaute kräftig. Da kam ein Hund des Weges und jagte hinter ihr her.

„Herr", schrie jetzt die Katze, „das halte ich nicht aus; dieser Bösewicht von einem Hund!"

Da seufzte Gott und sagte: „Wenn du willst, verwandle ich dich in einen Hund!"

So geschah es: die Katze ward ein Hund, groß und

kräftig, mit starkem Schwanz und kräftiger Stimme. Und gleich balgte er sich mit den anderen Hunden und fand auch einen Herrn, der ihm Futter gab. Als es Abend wurde und die Nacht sich über das Land legte, verkroch sich der Hund vor Angst und fing auch schon zu wimmern an. Da waren so viele Schatten in der Nacht und so viele glühende Augen! „Herr, bald wird der Löwe kommen und mich auffressen", wimmerte er. „Bitte mach aus mir einen Löwen, damit ich keine Angst mehr habe!"
„Bei allen Sternen des Himmels", rief Gott, „du bist aber auch gar nicht zufrieden! Alle Augenblicke willst du jemand anders sein. Na gut, wenn du meinst, werde ein Löwe!"
Und aus dem Hund wurde ein Löwe. Ein Mann hörte das Löwengebrüll, rannte herbei, nahm einen Speer und schleuderte ihn gegen das Tier. Jetzt jammerte der Löwe: „Großer Gott, das habe ich wirklich nicht verdient! Ich wäre doch lieber ein Soldat."
„Du bist unklug", sagte Gott, „weißt du denn, um was du bittest?"
„Ich weiß es", brüllte der Löwe, „ich will lieber ein Krieger sein!"
Da fuhr es wie ein Blitz vom Himmel zur Erde — und ein kraftstrotzender Krieger stand in der Mitte des Kraldorfes, ein Soldat mit Schild und Speer und Federbusch. Die Männer des Dorfes beäugten ihn neidisch, die Mädchen zwinkerten ihm zu. Stolz sonnte sich der Krieger in der Gunst der Leute. Eines Tages forderte der Oberhäuptling den Krieger auf, für ihn zu kämpfen. Da überlegte der, warum

er jenem dienen solle: „Bin ich denn nicht auch groß und mächtig und schön und stark?" Und er bat Gott, ihn in einen Oberhäuptling zu verwandeln.

„Sei ein Oberhäuptling!" sagte Gott. Er wollte endlich seine Ruhe haben. Und der Krieger saß nun als Oberhäuptling auf einem großen Thron und hatte viele schöne Frauen um sich. Da kamen die Ratsherren herbei und sagten: Großer Herrscher, Gebieter über Elefanten und Nashörner, es ist Zeit, daß wir dem Schöpfer der Erde ein Opfer darbringen, denn er ist mächtig und wunderbar."

Da runzelte der Oberhäuptling die Stirn und sagte: „Und ich? Bin ich etwa niemand? Wer bringt mir Opfer dar? Warum verneigt ihr euch nicht vor mir?" Da grollte Gott. Donnerrollen durchzitterte den Häuptlingskral; ein scharfer Wind fegte die Ratsherren und Frauen durcheinander und warf den Herrscher vom Thron.

Als die Menschen wieder zu sich kamen, merkten sie, daß ihr Oberhäuptling verschwunden war. Draußen schaukelte indes ein kleiner roter Vogel auf einem dünnen Grashalm und schrie: „Pii-jip! Pii-jip!" Und die Menschen achteten nicht weiter auf ihn, denn sie suchten immer noch nach ihrem Häuptling.

Die Nächstenliebe

Quo vadis?

Wohin gehst du? Was ist dein Ziel?
Das ist die einzige wichtige Frage.
Die richtige Antwort darauf finden wir im Tagebuch von Gabrielle Bossis:
„Weißt du wohl, daß die Liebe das einzige Ziel ist? Daß alles darauf zielen muß?
Auch etwas ganz Geringes wird groß, wenn es zur Liebe führt; und etwas ganz Wichtiges ist — wenn es nicht zur Liebe führt — überhaupt nichts."

(ER und ich, 2. Bändchen, S. 19)

Also ist es lebenswichtig, zu wissen: Was ist wahre Liebe? Wie kann man sie von Scheinliebe unterscheiden? Wie kann man sie üben?
Dieses Kapitel möchte wenigstens das Unentbehrliche dazu bringen.

---

91. Welches sind die drei Arten von Liebe?

    Die eigennützige Liebe, die genußsüchtige Liebe und die wohlwollende Liebe.

Den Zug verpaßt

Die eigennützige Liebe

Don Bosco ist einer der größten Heiligen Italiens. Im letzten Jahrhundert hat er in Turin ein Riesen-

Waisenhaus und Lehrwerkstätten für die Gassenjungen aufgebaut.
Einmal machte er einen Besuch in der Gegend von Alba. Am Abend wollte er nach Turin zurück, aber er verpaßte den letzten Zug. Bei strömendem Regen klopfte er am nächsten Pfarrhof. Der Pfarrer öffnete und fragte, wer er sei.
„Ich bin ein armer Priester aus Turin. Ich habe eben den letzten Zug verpaßt."
„Welches Amt haben Sie in Turin?"
„Ich habe eine kleine Kirche in einem Vorort."
„Ja, und haben Sie wenigstens zu Abend gegessen?"
„Wenn Sie die Güte haben, mir etwas zu geben, werde ich es gerne annehmen."
„Es tut mir leid, daß ich nichts vorrätig habe, ich kann Ihnen höchstens ein bißchen Brot und Käse geben."
„Dafür wäre ich Ihnen sehr dankbar."
„Haben Sie die Absicht, heute nacht hierzubleiben?"
„Sie sehen schon ... bei diesem Regen ... und der Zug ist doch fort!"
„Ach so, aber ich habe kein freies Bett."
„Oh, das ist kein Problem, zwei Stühle genügen."
„Wenn es so ist, dann nehmen Sie bitte Platz. Es tut mir wirklich leid, daß ich Sie nicht besser bewirten kann."
Während die Haushälterin Brot und Käse bringt, fragt der Priester weiter: „Also, Sie kommen aus Turin?"
„Jawohl!"

„Kennen Sie zufällig einen bestimmten Don Bosco?"

„Ja, ein bißchen."

„Ich bin ihm nie begegnet", sagte der Pfarrer. „Aber ich möchte ihn um etwas bitten. Meinen Sie, er würde mir helfen?"

„Wenn er es kann, ist er immer froh, den anderen zu helfen!"

„Ich dachte daran, ihm morgen einen Brief zu schreiben, ob er ein Kind in sein Waisenhaus aufnehmen könnte."

„Das wird er schon tun. Ich kann es Ihnen versichern."

„Wirklich? Aber sind Sie etwa befreundet mit Don Bosco?"

„Ja, sicher, und zwar seit meiner Kindheit."

„Also, könnten Sie vielleicht die Sache für mich vermitteln?"

„Die Sache ist schon erledigt. Sie gilt für Ihre jetzige Liebestat."

„Aber ... Sie ... Wer sind *Sie* denn?"

„Ich bin Don Bosco!"

„Don Bosco?! Sie sind Don Bosco! Ja, hätten sie es gleich gesagt! Aber verzeihen Sie mir, daß ich Sie nicht richtig behandle ... Ja, wer hätte das gedacht! — Lassen Sie, lassen Sie diesen Käse. Jetzt fällt mir ein, daß doch etwas übriggeblieben ist von Mittag."

Er ist ganz verwirrt, der Schweiß steht ihm auf der Stirn. Er ruft die Haushälterin, läßt sie ein frisches Tischtuch auflegen und bestellt eine Fischsuppe und Schinkenomelette. Er rennt zum Schrank und holt ein halbes Brathähnchen heraus und eine gute Flasche Rotwein. Er kann sich gar nicht beruhigen, während Don Bosco vor sich hin lächelt.

Nach dem Abendessen führt man den Gast in ein schönes Schlafzimmer. Am nächsten Morgen begleitet ihn der Pfarrer zum Bahnhof und hört nicht auf, sich zu entschuldigen.

Beim Abschied nimmt ihn Don Bosco beim Arm: „Sehen Sie, Herr Pfarrer, wir wollen doch etwas lernen aus dem, was geschehen ist. Wenn wir nichts haben, geben wir nichts. Wenn wir wenig haben, geben wir wenig. Und wenn wir viel haben, geben wir, was wir für richtig halten. Aber lassen wir uns immer von der Nächstenliebe führen und nicht vom eigenen Interesse."

Ob die Katze Mäuse liebt?

Die genußsüchtige Liebe

Ein Münchner Arzt erzählt:

Ein junger Ehemann brachte seine Frau zu mir in die Praxis — eine noch junge Frau, 20 Jahre, blühend und hübsch, aber schwer nervenkrank. Er klagte mir, daß seine Frau sich völlig von ihm zurückgezogen habe, ganze Tage untätig dasitze und vor sich hin grüble.

Ich habe mich dann lange mit dieser jungen Frau — ich will sie hier Susanne nennen — unterhalten. Es war schwer, sie zum Sprechen zu bringen. Aber nach und nach erfuhr ich ihre ganze Geschichte.

Susanne hatte sich mit 16 Jahren in einen verheirateten Mann verliebt, den vierundzwanzigjährigen Rolf, der im gleichen Betrieb wie sie arbeitete. Rolf fühlte sich durch die Anbetung des jungen Mädchens geschmeichelt, ging aber scherzhaft darüber hinweg.

Auf einem Betriebsfest kam es dann zum ersten Kuß, und damit änderte sich das Verhältnis zwischen den beiden. Sie trafen sich jetzt immer häufiger nach Büroschluß. Er erzählte ihr von seiner unglücklichen Ehe und sagte, er wolle sich von seiner Frau scheiden lassen. Sie glaubte ihm alles. Als er ihr versprach, sie zu heiraten, sobald er erst geschieden sei, tat sie, wonach sie sich schon seit langem gesehnt hatte — sie gab sich ihm hin.

Über ein Jahr zog sich dieses unglückliche Verhältnis hin, und während dieser Zeit wartete sie von Tag zu Tag darauf, daß er endlich mit der Scheidung Ernst machen würde. Schließlich gestand er ihr, daß seine Frau keinesfalls bereit sei, ihn freizugeben.

Susanne war wie vor den Kopf gestoßen. Sie hatte sich wegen ihrer Beziehungen zu einem verheirateten Mann mit ihren Eltern überworfen, sah sich in eine unhaltbare Situation gedrängt. Aber sie gab nicht auf, beschloß, um ihre Liebe zu kämpfen.

Sie suchte Rolfs Frau auf und verlangte von ihr, ihren Mann freizugeben. Dabei stellte sich heraus, daß diese Frau von den Liebesbeziehungen ihres

Mannes keine Ahnung gehabt hatte. Der Schock dieser Aussprache war für beide Frauen gleich groß.
Die sehr tatkräftige Ehefrau entschloß sich, die Scheidung einzureichen. Aber Rolf reagierte ganz anders darauf, als Susanne erwartet hatte. Er liebte seine Frau und war weder bereit, auf seine Ehe noch auf seine Kinder zu verzichten. Er machte Susanne heftige Vorwürfe, und es kam zum Bruch.
Susanne zog die Konsequenzen. Sie kündigte ihre Stellung, fing in einem neuen Betrieb an, wo sie ihren jetzigen Mann kennenlernte, den sie bald darauf heiratete.
Dann aber spürte sie, daß sie weder imstande war, Rolf zu vergessen, noch den anderen zu lieben.
Die Reaktion auf die Enttäuschung, die sie erlitten hatte, kam spät, aber um so heftiger. Sie wurde zu der schwer nervenkranken Frau, die sie jetzt ist.

In dieser traurigen Geschichte sieht man sehr gut, daß die genußsüchtige Liebe keine wahre Liebe ist. Susanne ist bereit, die Familie von Rolf zu zerstören, Rolf seinerseits lügt die Susanne an, nützt ihre Unerfahrenheit aus, und damit zerstört er kaltblütig ihre Zukunft.
Eigennützige Liebe und genußsüchtige Liebe sind eben nur Scheinliebe. Man sucht im Nächsten nur den eigenen Vorteil, nur die eigene Befriedigung. Man liebt den Nächsten, wie die Katze die Maus liebt: sie will mit ihr spielen und sich an ihr sättigen.

Der erste Preis

Die wohlwollende Liebe

Bei einem Rundfunk-Wettbewerb wurde diese Frage gestellt: „Welches ist der schönste Satz, den eine Frau hören kann?"
Nach viel Hin und Her bekam eine junge Frau den ersten Preis.
„Der schönste Satz", meinte sie, „den eine Frau zu hören bekommen kann, ist, wenn das Baby nachts um drei zu weinen anfängt und ihr Mann spricht: ‚Bleib liegen. Ich geh' schon!'"

---

92. Wieso ist die *wohl*wollende Liebe die wahre Nächstenliebe?

    Weil sie des Nächsten Wohl will und nicht das eigene.

Die tollste Fahrt meines Lebens

Der berühmte Rennfahrer Hans Stuck erzählt:
Ich wollte zum Rennen nach Cueno in Italien. Mein Mechaniker und ich fuhren in meinem Privatwagen die Strecke Montreux—St.-Maurice, um nach Martigny zu gelangen. In der Nähe von St.-Maurice kommt uns abwinkend eine Abteilung Soldaten entgegen. Großer Bergrutsch — die Strecke auf Tage gesperrt. Sie müssen, um nach Italien zu kommen, einen Umweg von 200 Kilometern machen.

In Ollon müssen wir wieder stoppen wegen eines Häufchens Menschen, die mitten auf der Straße stehen. Gestikulieren, Schreien, Händeringen. Wir fragen nach dem Grund der Aufregung. Eine sehr junge Frau wendet sich weinend an mich.
„Ich muß binnen sechs Stunden in Turin sein. Ich habe in Bern das Serum bekommen, das es in Turin nicht gibt — aber das Mittel muß spätestens um zwölf Uhr nachts in den Händen des Arztes sein. Sonst ist es zu spät. Ein Flugzeug ist hier nicht zu bekommen. Und ein Auto schafft es nicht ..."
Die arme Frau redet irre vor Angst. Sie bangte um das Leben ihres Kindes!
„Steigen Sie ein, gnädige Frau", sagte ich, „ich fahre sowieso nach Turin — und wenn alles klappt, werden Sie um dreiviertel zwölf Uhr mit dem Serum zu Hause sein!"
Ich glaube meinen Worten selbst nicht. Verstohlen blickt mein Begleiter nach der Uhr. Sechs Uhr nachmittags. Zurückzulegen sind über den Großen St. Bernhard 412 Kilometer — rechnet man mit einem Durchschnitt von 60 Kilometer, der aber in den Bergen kaum fahrbar ist, brauchen wir annähernd sieben Stunden — das heißt also dreiviertel ein Uhr in Turin ... Wir sausten los. Hin und wieder fiel ein Wort — ein kurzer Satz. Fasziniert starrt unsere Begleiterin auf die Uhr am Schaltbrett. Drei-, viermal winkt mir die Verkehrspolizei, zu halten. Wir sehen und hören nichts und donnern mit 120 Stundenkilometer durch Dörfer und Straßen, durch die französische Schweiz — dem Großen St. Bernhard entgegen.

Es ist etwas nach neun Uhr — tiefschwarze Nacht, als wir die ersten Kurven des Bergriesen erklimmen. Ich bin in Ekstase. Wie im Rennen. Schneide die Kurven, lege ein Tempo hin, daß ich mich selbst wundere. Einmal — als wir in 1 500 Meter Höhe auf einer Eisfläche ins Gleiten kommen — schreit die Frau neben mir entgeistert auf.
„Wenn wir verunglücken, stirbt mein Kind!"
„Wenn wir nichts riskieren — bestimmt!" erwidere ich unbarmherzig und gebe Gas.
Oben am Gipfel kommen uns Mönche entgegen.
„Sie können nicht hinunterfahren. Die Straße ist noch nicht geräumt."
„Man kann nicht — aber ich muß ..."
Und nun begann wirklich die tollste Fahrt meines Lebens. Ich habe nicht für möglich gehalten, daß wir gesund hinunterkommen würden. Zwischen Schneewehen und Eisblöcken wand sich mein schwarzweißer „Windhund" ächzend und stöhnend hin und her. Oft ging es quer oder gar rückwärts durch die Kurven. Immer knapp am Steckenbleiben vorbei. Trotz der Kälte war mir dabei glühend heiß, ich bekam fast keine Luft mehr ...
Um ein Viertel vor elf Uhr sind wir glücklich im Tal. Noch 120 Kilometer bis Turin. Meine Bremsen, naß durch den hohen Schnee, versagen. Aber mir ist jetzt alles gleich. Ohne rechts und links zu sehen, geht es die wunderbaren italienischen Straßen im 130-Kilometer-Tempo geradeaus ...
Fünf Minuten vor dreiviertel zwölf Uhr halten wir

vor dem Haus der jungen Frau. Mann und Arzt stürzen uns entgegen ...
Das Kind wurde gerettet: die tollste Fahrt meines Lebens hatte sich gelohnt.

---

93. Was gehört unter anderem zum Wohl des Nächsten?

    Geborgenheit, Anerkennung und vor allem, was sein ewiges Heil fördert.

Gut versorgt

Geborgenheit

In Amerika hat man vor einigen Jahren ein schreckliches Experiment gemacht.
Es war in einem Säuglingsheim für Waisenkinder. In ein Zimmer hat man sechs Säuglinge gebracht, die wurden zwar sehr gut versorgt, was Nahrung und Verpflegung betraf, aber ohne Liebe. Man wollte sehen, welchen Einfluß eine lieblose Behandlung auf die Entwicklung des Menschen hat.
Das hat man auch bald gesehen!
Nach drei Monaten waren die Kinder alle schwer krank, sie wollten nichts mehr essen und waren immer traurig und ängstlich.

Der Mensch braucht Geborgenheit in einer liebevollen Umgebung.

Wir brauchen alle das Wohlwollen der anderen, um weiterzuleben.

Zufällig richtig

Anerkennung

Als ich noch zur Schule ging, gab es verschiedene Fächer, wo ich mich sehr plagen mußte.
Am schlimmsten aber war es in Latein. Der Lehrer war ziemlich hart mit mir. Er hat nie meine großen Bemühungen anerkannt. Er hat bloß meine Fehler gesehen! Ich war ganz verzweifelt und wollte aufgeben.
Dann habe ich zum Glück einen anderen Lehrer bekommen: er war ein alter, gütiger Priester, der uns Jungen sehr gern hatte.
Einmal hat er mich übersetzen lassen. Als ich dabei zufällig etwas richtig übersetzte, hat er mir sofort Mut gemacht: „Ja, richtig", sagte er, „das hast du aber schön gemacht!"
Diese Bemerkung hat mich so gefreut! Von diesem Tag an hatte ich wieder den Mut gefunden, Latein weiter zu studieren. P. L.

Eine klare Orientierung

Das ewige Heil

In Spanien habe ich diese Geschichte erfahren:
Ein reicher Geschäftsmann in vorgeschrittenem Alter hatte keine Kinder. Dafür verbrachte sein acht-

zehnjähriger Neffe Juanito jedes Jahr die Sommerferien bei ihm.

Der Junge war nicht gerade ein fleißiger Typ. Er dachte nur daran, in den Tag hinein zu leben, und meinte: „Der Onkel ist reich. Er wird bestimmt an mich denken, wenn er einmal stirbt."

Als Juanito bei seinem Onkel in dieser Richtung Anspielungen machte, versprach ihm der alte Herr: „Hör zu, Juanito. In meinem Testament werde ich dir das Nötige geben — für einen guten Start ins Leben."

Kurz danach starb der Onkel an einem Herzinfarkt. Der Junge lief ganz aufgeregt zum Rechtsanwalt, um zu erfahren, wieviel er erben sollte.

Der Anwalt suchte nach dem betreffenden Absatz. Da hieß es: „Meinem geliebten Neffen Juanito hinterlasse ich die Summe von fünf Mark für einen kleinen Katechismus, damit er sein Leben nicht auf Sand baut, sondern auf dem festen Fundament der Wahrheit.

Der alte Onkel wußte, daß der Junge nur noch fauler geworden wäre, wenn er viel Geld geerbt hätte. Das wäre sicher kein guter Start ins Leben. Dafür brauchte er vielmehr eine klare Orientierung, wie sie im Katechismus kurz und bündig gegeben ist.

94. Warum soll ich meinen Nächsten lieben?

Weil er Mitmensch und Kind Gottes ist.

Darf man Aussätzige umarmen?

In vielen Ländern Asiens und Afrikas werden die Aussätzigen heute noch von der Bevölkerung abgesondert. Es kommt sogar vor, daß sie in Lagern hinter Stacheldraht eingesperrt werden.
In ein solches Lager kam Raoul Follereau, der große Freund und Helfer der Aussätzigen. Er wußte, daß der Aussatz nur wenig ansteckend ist.
Der Direktor begleitete Raoul und seine Frau durch das Lager. Eine Aussätzige namens Stella wurde ihnen als interessanter Fall vorgestellt. Raoul reichte ihr die Hand.
Aber blitzschnell versteckte Stella ihre Hände hinter dem Rücken. „Verboten!" sagte sie.
Der Direktor war geniert. Darauf fragte ihn Raoul: „Ist es auch verboten, die Aussätzigen zu umarmen?"
Verlegen antwortete der Direktor: „Dieser Fall ist in unseren Regeln nicht vorgesehen."
„Also ist es erlaubt", stellte Raoul fest. Herzlich umarmte er die kranke Frau.
Das war das Signal. Alle Kranken wollten ihn umarmen.

Immer wieder sagte Raoul Follereau: „Ich bin kein

Arzt. Ich kann sie nicht heilen. Ich kann sie nur lieben. Denn sie sind auch Kinder Gottes."
Er reiste über eine Million Kilometer, um die Aussätzigen auf der ganzen Welt zu besuchen und ihnen zu helfen. Allein hätte er das nicht geschafft. Bei seiner goldenen Hochzeit 1975 sagte er: „Das große Glück meines Lebens ist meine Frau. Ich habe nie eine Reise ohne sie unternommen. Sie begleitete mich in alle Leprastationen. Wäre ich allein gekommen, hätten die Aussätzigen gedacht: ‚Da kommt ein Beamter, ein Neugieriger, ein Eindringling.' Nein, da kam eben ein Paar mit ausgestreckten Händen. Meine Frau interessierte sich gleich für die Kinder. Da lächelten die Mütter, und als die Männer ihre Frauen lächeln sahen, kamen auch sie."

---

95. Wie kann ich den Nächsten lieben „wie mich selbst"?

    Indem ich ihn behandle, wie ich selbst behandelt sein möchte.

Nicht *immer* verheiratet

Eine Mutter erzählt:
Mein fünfjähriger Junge fragte mich vor kurzem: „Was sagen die Leute, wenn sie heiraten?"
„Sie versprechen, sich zu lieben und nett miteinander zu sein."

Nach einer kurzen Pause sagte der Junge: „Aber du bist dann nicht *immer* verheiratet, Mami — oder?"

---

96. Wie soll ich über andere reden?

Rede über die guten Eigenschaften anderer, nicht über ihre Fehler.

Die gerupfte Henne

Philipp Neri war ein schlauer Heiliger. Einmal wollte er einer Frau das böse Geschwätz über andere abgewöhnen.
Er bat sie, für ihn auf dem Markt eine Henne zu kaufen. Und er sagte ihr, sie solle die Henne auf dem Rückweg gleich rupfen. Es war ein sehr windiger Tag.
Als die Frau mit der Henne bei Philipp Neri erschien, lobte sie der Heilige und fügte hinzu: „Jetzt lassen Sie bitte die Henne hier und holen Sie mir die Federn!"
„Das ist doch unmöglich", rief die Frau. „Der Wind hat sie in alle Richtungen zerstreut."
Darauf sagte Philipp Neri sehr ernst: „Und genauso unmöglich ist es, Ihr böses Gerede wiedergutzumachen."

97. Warum sollen wir den Nächsten nicht richten?

Weil Gott allein das Herz sieht, wir täuschen uns leicht.

„Sie sind ein Schwindler!"

Es war im Sommer 1956. Ich war in Nordafrika als Soldat. Frankreich führte damals einen Kolonialkrieg.

Wir hatten es ziemlich hart, vor allem wegen der unerträglichen Hitze im Wüstengebiet. Da wurde es uns öfter schlecht. Eines Tages traf mich ein Schlag, und ich wurde für kurze Zeit ganz gelähmt. Ich konnte nicht einmal mehr atmen. Es dauerte nur ein paar Minuten, aber die Kameraden meinten: „Jetzt ist es aus mit ihm." Sie riefen mit dem Funkgerät den Arzt.

Etwa eine Stunde später wurden sie zu einem Einsatz gerufen. Nachdem sie bei mir eine Besserung festgestellt hatten, gingen alle fort und ließen mich allein.

Am Abend kam der Militärarzt, nach einer langen Fahrt von 200 Kilometern. Er fand mich auf den Beinen, denn es ging mir schon besser. Da wurde er wütend. „Sie sind ein Schwindler!" rief er mir zu. „Sie wollen nur nach Hause, und daher spielen Sie den Kranken!"

Ich war ziemlich überrascht und versuchte, ihm die

Wahrheit beizubringen. Aber da war nichts zu machen.
Das war für mich sehr bitter, daß er mich für einen Lügner hielt.

Da sieht man, wie wichtig es ist, über niemand leichtsinnig zu urteilen. Vielmehr sollen wir den Rat von Franz von Sales befolgen: „Hätte eine Handlung hundert Gesichter, so sollst du das schönste ansehen."
P. L.

---

98. Wie kann ich jemanden wohlwollend lieben, den ich nicht mag?

    Ich kann öfter für ihn beten: „Herr, hilf ihm!"

Churchill und Lady Astor

Hier ein berühmtes Beispiel, wie man es *nicht* machen soll:
Die erste Frau, die in das britische Parlament einzog, hieß Lady Astor. Sie hatte eine scharfe Zunge, aber mit Churchill wurde sie nicht fertig.
Boshaft sagte sie zu dem damaligen Marineminister: „Wäre ich Ihre Frau, Mister Churchill, so würde ich Ihren Kaffee vergiften!"
Darauf Churchill: „Und wäre ich wirklich Ihr Mann, Lady Astor, so würde ich diesen Kaffee sofort trinken."

99. Können Reichtum und Superwaffen unsere Zukunft sichern?

Nein, nur wenn wir mit Notleidenden teilen, schützt uns Gott.

Pearl S. Buck

Die amerikanische Schriftstellerin Pearl S. Buck ist vor allem wegen ihres China-Romas „Die gute Erde" bekannt.
Pearl S. Buck hat als evangelische Missionarstochter jahrzehntelang in China gelebt und das chinesische Volk sehr lieb gewonnen. Sie hat in China das Evangelium weniger mit Worten gepredigt als mit Taten vorgelebt. Hören wir aus ihren China-Erinnerungen:
Ich lebte damals als junge verheiratete Frau in einer Hafenstadt in Südchina. An einem Wintermorgen hörte ich Klopfen an meiner Tür. Ich machte auf. Da stand eine Frau, in Lumpen gekleidet, die abgehetzt und ausgehungert aussah. Sie erzählte, daß ihr Mann sie im Stich gelassen habe, als eine Hungersnot im Norden des Landes ausgebrochen sei, und daß sie ein Kind erwarte. Ob ich ihr nicht helfen könnte. Sie habe sonst niemanden.
Ich kann nicht sagen, daß ich über diesen frühen Besuch erfreut war. Ich hatte schon selbst genug Sorgen, vor allem mit der Pflege meines alten, gebrechlichen Vaters. Doch ich konnte nach viel

Kopfzerbrechen eine Lösung finden, eine leerstehende Hütte für sie mieten in dem chinesischen Arbeiterviertel hinter unserem Haus. Frau Lu — so hieß diese arme Frau — war überglücklich. Ich ließ ihr täglich ein kräftiges Essen bringen aus unserer Küche. Sie wurde wieder gesund und brachte bald einen stämmigen Jungen zur Welt.

Etwa sechs Monate nach der Geburt des Kindes wurde ich eines Nachts plötzlich aufgeschreckt durch den Lärm von Maschinenpistolen. Da hörte ich eine aufgeregte Stimme: „Die Kommunisten sind da! Sie haben die Stadt erobert und sind dabei, alle Ausländer umzubringen."

Unsere chinesischen Diener hatten schon das Haus verlassen; denn für die Kommunisten war jeder verdächtig, der mit Ausländern zu tun hatte. Da standen wir da, mein alter Vater, mein Mann, meine Schwester, ihre und meine Kinder, und wußten nicht, wohin. Das Knattern der Maschinenpistolen kam immer näher. Schon war es in unserer Straße. Bald würde es aus sein mit uns.

Plötzlich ging die Tür auf, und da stand Frau Lu. „Kommt mit, sofort!" Ich sagte, sie wäre in Lebensgefahr, wenn sie Ausländer beherbergte. Davon wollte sie gar nichts hören. Wir gingen in aller Eile durch den Garten und fanden Unterschlupf in ihrer Hütte. Durch die Bretterspalten sahen wir, wie eine Kolonne von betrunkenen Soldaten unser Haus überfiel und dann wütend herausstürzte, als sie niemand fanden. Wir wurden nicht entdeckt.

Zwei Tage später, als die Lage etwas ruhiger wurde,

konnten wir mit einem amerikanischen Schiff, das im Hafen lag, entkommen.
Frau Lu hatte unser Leben gerettet.

---

100. Was ist der größte Beweis der Nächstenliebe?

    Sein Leben wie Jesus hinzugeben für einen anderen.

Platz getauscht

Es war 1917, während der russischen Revolution. Einer der grausamsten Führer der Revolution wurde von Unbekannten ermordet. Die Kommunisten nahmen sofort viele Unschuldige als Geiseln. Sie wurden alle an die Wand gestellt, und der Befehl lautete: Jeder zehnte soll erschossen werden.
Nummer neun war ein alter orthodoxer Priester, der Pater Alexis. Neben ihm stand ein junger Priester als Nummer zehn.
Der Alte zögerte nicht. Er flüsterte seinem Nachbarn zu: „Ich bin alt, und ich habe nicht mehr lange zu leben ... Tausche! Mit Gottes Segen nehm' ich deinen Platz ein."
Kurz darauf wurde der alte Priester erschossen.

Quellennachweis

Nr. 4: Nach Lisbeth Burger, „Mit Zwillingen fing es an", Verlag Weißes Kreuz, CH-5724 Dürrenäsch.

Nr. 8: Nach Nicky Cruz, „Flieh, Kleiner, flieh", Christliche Verlagsanstalt, Konstanz.

Nr. 9: Nach Hermann Hartfeld, „Glaube trotz KGB", Stephanus Edition, Uhlingen.

Nr. 19: Corrie ten Boom, „Die Zuflucht", R. Brockhaus Verlag, Wuppertal.

Nr. 22: Nach Nicky Cruz, „Flieh, Kleiner, flieh", Christliche Verlagsanstalt, Konstanz.

Nr. 37: Nach Nicky Cruz, „Die großen Verderber", Christliche Verlagsanstalt, Konstanz.

Nr. 41: Aus: „Was sie mit Gott erlebten — Berichte aus unseren Tagen", Christliches Verlagshaus, Stuttgart.

Nr. 72: Untergrundzeitschrift „Chronik der katholischen Kirche in Litauen", Ausgabe Nr. 22, 1976.

Nr. 73: Nach Herbert Kranz, „Der Engel schreibt's auf".

Nr. 78: Nach Richard Wurmbrand, „In Gottes Untergrund".

Nr. 81: Nach „Edison. El genio de los inventos", Verlag Toray, Barcelona — Buenos Aires.

Nr. 86: Nach Albino Luciani (Johannes Paul I.), „Ihr ergebener", Verlag Neue Stadt, München.

Nr. 88: Wladimir Lindenberg, „Himmel in der Hölle", Ernst Reinhardt Verlag, München.

Anmerkungen zum Buch „Aus dem Leben lernen"

Das „Wie" und „Was" des Buches

In einem Buch muß man zwei Dinge unterscheiden: *was* man schreibt und *wie* man schreibt. Über das *Wie* hat Voltaire gemeint: „Jeder Stil ist gut, außer der langweilige." Über das *Was* hat Seneca gemeint: „Willst du den Wert eines Buches prüfen, dann achte darauf, ob es uns die Tugend lehrt!"

Das Wort „Tugend" ist mit dem Wort „tauglich" verwandt. Durch die Tugend wird der Mensch erst zum tauglichen Menschen. Der Mensch wird tauglich — als Mensch —, wenn sein Denken und Wollen, seine Sehnsucht und sein Mut tauglich sind.

Durch die Tugenden der Klugheit und Gerechtigkeit werden sein Denken und Wollen gesund. Sein Begehren und sein „Abwehren" werden erst tauglich durch die Mäßigkeit und die Tapferkeit. So besteht das „Menschsein" aus diesen vier Haupt- oder Kardinaltugenden.

Das „Christsein" vollendet das Menschsein mit den Tugenden des Glaubens (das Credo — die Kurzfassung des Geglaubten, und die Sakramente — die Vermittlung der Gnade), der Hoffnung (die sieben Bitten des „Vaterunsers") und der Liebe (Gottes- und Nächstenliebe als Vollendung der Zehn Gebote).

„Menschsein" und „Christsein" werden vermittelt durch das Genre der Kurzgeschichte.

Die Aufgaben der Kurzgeschichte

Cicero war schon wichtig vor 2 000 Jahren. Heute ist er noch viel wichtiger. Denn wir leben im Zeitalter der Kommunikation, der Mitteilung.

In seiner „Rhetorik" behauptet Cicero, daß eine wirksame Mitteilung drei Aufgaben erfüllen muß: gefallen, erleuchten und mitreißen.

Nun, die Kurzgeschichte erfüllt alle drei! Sie gefällt, weil sie Lebensgeschichte ist: konkret, bildhaft und spannend. Sie leuchtet ein, weil sie nicht aus der Theorie lehrt, sondern aus dem Leben — und zwar aus den Folgen! Sie kann mitreißen, wenn der Leser sich mit einem echten Helden identifiziert.

Durch die Kurzgeschichte kann eine erste Begegnung mit einem großen Vorbild stattfinden. „Aus dem Leben lernen" bietet in seinen Kurzgeschichten zahlreiche solcher Begegnungen.

Zur Auswahl der Kurzgeschichten

Albino Luciani (Papst Johannes Paul I.) erzählt: Ein Fischer ging zum Fluß zum Fischen. Er dachte: Was soll ich an den Köder hängen? Würmer? Nein. Ich kann sie gar nicht ausstehen. Ich werde etwas Köstliches anbieten: Erdbeeren! Die sind doch unwiderstehlich! Die Fische hatten darüber eine andere Meinung, und sie machten einen großen Bogen um die doch sooo köstlichen Erdbeeren. Und Luciani schließt daraus: Der Katechet soll darauf achten, was die Jugend interessiert.

So habe ich aus 50 000 Kurzgeschichten 500 Geschichten ausgewählt (1 Prozent), die meiner Meinung nach die Tugend veranschaulichen und gleichzeitig geeignet sein können, Jugendliche zu interessieren. Die Geschichten wurden von 500 Zwölf- bis Sechzehnjährigen „getestet", und die 100 Geschichten, die dabei am besten abgeschnitten haben, sind in meinem Buch veröffentlicht.

Die Quellen der Kurzgeschichten

„Wo finden Sie die Geschichten?" Diese Frage habe ich oft gehört.

Die allermeisten Geschichten stammen natürlich aus Büchern, und zwar aus zwei Arten von Büchern, nämlich Sammelbände (Anekdoten, Kurzgeschichten) und Lebensgeschichten (Biographien und Autobiographien).

Beide haben ihre Schwierigkeiten. Die Sammelbände „schreiben voneinander ab" — und das habe ich auch gemacht! Und bei den Lebensgeschichten ist es sehr schwer, eine Episode interessant darzustellen für Leser, die sonst nichts von dieser Geschichte kennen. Will man auf weniger bekanntes Material stoßen, ist es gut, in mehreren Sprachen zu lesen.

Zwei Bücher — unter Hunderten —, die mir gut geholfen haben, waren „Cosi ridono i Sagi" in Italienisch und „ABC des Lachens" von S. von Radecki in Deutsch.　　　　　　　　　Pierre Lefèvre

Pierre Lefèvre im *Johannes-Verlag Leutesdorf*

Christen der Weltgeschichte
Ein Rückblick auf 2000 Jahre
1998. 80 Seiten. Kartoniert
ISBN 3-7794-1407-4
Bestellnummer: A 1512

Der Schriftsteller Charles Dickens erhielt einen Leserbrief, der ihm sehr zu Herzen ging. Eine einsame ältere Dame schrieb: „Thank you, Mr. Dickens, for filling my house with friends!" — „Danke, Mr. Dickens, daß durch Sie mein Haus voller Freunde ist!" Mit den Freunden meinte sie natürlich die Helden seiner Romane: David Copperfield, Mr. Micawber, Oliver Twist und so weiter.
Nun, diese „Freunde" waren erfunden. Die Helden des vorliegenden Buches haben jedoch gelebt, ja, sie leben heute noch weiter! Denn sie haben das geformt, gefestigt, verteidigt, was in unserer kulturellen Erbschaft lebt. Es sind Christen, die in der Weltgeschichte ihren Platz haben. In einem der bedeutendsten Lexika der Welt, der „Encyclopædia Britannica" von Chicago, sind sie alle aufgenommen. Zweitausend Jahre nach der Geburt Jesu Christi lohnt es sich, diesen großartigen Vertretern seiner weltverändernden Religion zu begegnen.

Zu beziehen durch die *KSM*
Katholische Schriften-Mission, D-56599 Leutesdorf

Die Gottesliebe

Was ist heute für die Telefonseelsorge das Problem Nummer eins? Es ist die *Einsamkeit*.
Wie aktuell ist da Thomas von Aquin: Alle sinnvollen Gesetze haben nur einen Endzweck, nämlich *Freundschaft*.
Menschliche Gesetze sollen die Freundschaft zwischen den Menschen fördern (zum Beispiel Spielregeln).
Göttliche Gebote sollen die Freundschaft zwischen Gott und den Menschen fördern.
Aber wie ist eine Freundschaft möglich zwischen dem unendlich großen Gott und dem kleinen Geschöpf Mensch? Sie ist möglich, weil Gott Mensch geworden ist und uns seinen Geist schenkt.

---

81. Können wir Gott lieben, ohne an seine rettende Botschaft zu glauben?

    Nein, denn man liebt nur, wen man als liebenswürdig erkennt.

Edison

Im amerikanischen Staat Michigan wüten seit Tagen Sturm und Regen. Die Flüsse haben sich in reißende Ströme verwandelt.